MW01173350

TIC, TAC
EL DESPERTAR TE ESPERA

JENNIFER ROJAS TREJO

Nieta hermosa,
siempre he sentido que soy de otro planeta,
veo las cosas de manera distinta…
solo quiero que tu aprendas, así como yo,
a encontrar esa mirada tuya, distintiva, propia.
Francisco Miguel Trejo Padilla

A ti mi querido abuelo, te dedico mis líneas. Aquí materializo tu deseo, lo que un día tú y mi madre me sugirieron: "deberías escribir un libro".

Producción editorial independiente

Contactos:

 @jennirojas

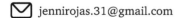 jennirojas.31@gmail.com

Primera edición: 2021

Depósito legal:MI2021000384
ISBN: 978-980-18-2045-1

Coordinación Editorial: Elisabel Rubiano
Corrección: María Narea y Flor Gallego
Portada: Jesús Varela Carrasquel
Fotografía: Alejandra León y Jhana Navas

ÍNDICE

•

PRÓLOGO

Hace mucho tiempo que no leía un libro sobre la búsqueda interior con un sendero tan diáfano como **TIC, TAC EL DESPERTAR TE ESPERA**, de Jennifer Rojas Trejo.

Escrito con un lenguaje sencillo, accesible, pero no por ello menos persuasivo y contundente en sus afirmaciones y recomendaciones, a manera de guía o manual, esta obra va destilando delicadamente el espíritu de una autora llena de amor, sabiduría, disciplina, asertividad y empatía con el prójimo.

El trabajo comprende doce capítulos a través de los cuales Rojas expone sus convicciones y experiencias personales, con un propósito comunicativo muy claro: conminar a quienes la lean a emprender un viaje hacia dentro de sí mismos para transformar su periplo vital a través de la consecución de sus sueños.

En este libro Jennifer presenta una guía detallada a sus potenciales lectores y los lleva de la mano para que desarrollen las habilidades pertinentes a fin de canalizar sus deseos y convertirlos en realidad, de una manera clara y metódica, pero a la medida de sus requerimientos.

Nuestra autora recomienda esforzarse en dos actitudes fundamentales: el compromiso infinito y la disciplina infinita, ya que *"con estas dos grandes herramientas el éxito es inevitable y el camino hacia conseguir lo que te propongas se acorta asombrosamente"*.

La redacción de los capítulos es sumamente amena e interesante, a la vez que profunda, ya que Rojas (de profesión Licenciada en Química) combina sus conocimientos científicos con una adecuada interpretación de sus investigaciones en el campo de la Psicología, la Neurociencia, la Física Cuántica y la reflexión permanente sobre la condición de *"Ser"* antes que *"Hacer"*.

Su cosmovisión humanista, su sentido gregario de la vida, su conciencia de que estamos conectados los unos a los otros y a su vez a un gran Plan Divino e Infinito, su consideración acerca de la importancia de la vida y el sentido de trascendencia, la oportunidad de aprovechar nuestra estadía en la Tierra, conviviendo con la naturaleza y sus criaturas (vegetales, animales, minerales), los elementos, las leyes del Universo, el respeto por nuestros semejantes y por nosotros mismos, en fin, todos estos valores firmemente arraigados en las convicciones de esta escritora, le confieren a su obra una profundidad absoluta transmitida con levedad, aunque suene como una paradoja.

Cada capítulo es explicado minuciosamente, con profusión de ejemplos e indicaciones (en su mayoría probadas por ella misma) para ejercer los cambios respectivos en cada caso, y al final de esos capítulos encontramos un Sumario y una propuesta de ejercicios prácticos para ir avanzando en los objetivos trazados.

La autora insiste en el valor del esfuerzo, la disciplina y en asumir el reto de los cambios, erradicando nuestros miedos y nuestro propio autosaboteo. Para ello invita a sus lectores a abandonar su zona de confort y los malos hábitos físicos y mentales, la procrastinación y las relaciones tóxicas.

Hubo una frase que me impactó mucho, la citaré en letras mayúsculas y en negritas para destacarla mejor: *"...NO SON NUESTRAS SOMBRAS LAS QUE NOS ATEMORIZAN Y NOS PARALIZAN A ACCIONAR, TODO LO CONTRARIO, ES NUESTRO BRILLO LO QUE NOS ASUSTA"*. (Cap. 1)

Esa afirmación es determinante y tiene mucho de cierto. Por eso Rojas nos extiende una invitación a vencer nuestras carencias y nuestros miedos para traer a la superficie nuestro lustre y nuestra perfección, cualidades inherentes a todos los seres humanos pero que es fundamental aprender a cultivarlas.

Sin embargo, para lograrlo hay que estar dispuesto a asumir el cambio que *"es la única variable constante"*, hay que derribar las barreras del conformismo y la medianía e identificar y superar los distractores que conducen a la negación. Es preciso enfocarse en las metas y abandonar las rutinas negativas, entre ellas el desperdicio del tiempo. *"Recuerda que el tiempo es lo más valioso que verdaderamente tenemos, y no sabemos cuánto más de este tesoro vamos a tener entre nuestros dedos, así que aprovéchalo al máximo en amar y hacerle saber a los tuyos que es así"*. (Cap. 4)

Me cautivó particularmente lo expuesto sobre la energía y la vibración:

"Todo es energía... Dependiendo de las vibraciones de los electrones, los átomos se combinan de cierta forma para materializarse en un producto, una sustancia, un algo, una cosa, un cuerpo o un objeto. Quizás no puedas verlo, pero absolutamente todo lo presente en el universo (independientemente de su estado físico) está compuesto por millones de electrones y partículas subatómicas, vibrando a una determinada frecuencia". (Cap.3)

"Así la frecuencia en la que vibra mi energía al momento de decretar mi deseo, el universo la capta tal cual, en ningún momento me preocupo por los medios por los que lo alcanzaré, solo tengo la convicción de que todas las fuerzas se alinean para que yo cumpla mi cometido, sin temores ni estrés..." (Cap. 8)

Jennifer concede un valor inigualable a la fe y a la espiritualidad, basadas en la selección asertiva de nuestro "núcleo" más inmediato para lograr nuestro cometido y alcanzar la felicidad, que es en definitiva el valor más relevante por el cual vale la pena vivir. Ya no sólo es la familia, la pareja o los amigos, sino también las mascotas. Esta joven tiene una sensibilidad muy especial para reconocer la valía de los aprendizajes que podemos obtener de todos los seres que nos rodean, incluyendo a los pequeños amigos animales domésticos. *"Proponte a buscar tu núcleo, te darás cuenta, vivir en familia es uno de los regalos más hermosos de la creación"*. (Cap. 4)

La autora nos invita a prestarle atención a las historias familiares o de personas a las que admiramos, a reflexionar sobre sus cualidades, anécdotas o historias que más han cautivado nuestra atención, para identificar qué nos marcó y qué aprendimos de ellas, o cómo nos ayudaron en algún momento para resolver una situación propia. Luego de efectuado este reconocimiento, es muy importante agradecerlo.

Asimismo, es crucial dedicar parte de nuestro tiempo diario para instruir nuestra inteligencia emocional, ya que ello contribuye a moldear nuestro carácter y a lograr el equilibrio en nuestras vidas, para corregir *"patrones incorrectos en el momento de relacionarnos con otras personas, tampoco es menos cierto que sí podemos reprogramarnos y decidir qué actitud tendremos frente a las nuevas experiencias"*. (Cap. 6)

La valoración que demos al cuidado de nuestra salud, a través de la alimentación, el deporte y la meditación, son cruciales en la consecución de nuestros objetivos, por lo que la frase "mente sana en cuerpo sano" cobra especial relevancia. Rojas nos brinda pautas al respecto e inclusive nos anima y aconseja para vencer las resistencias internas. Para esto es fundamental disciplinarse y colocar a nuestra persona en el primer lugar de la lista para efectuar las tareas correspondientes a diario, con disciplina y constancia.

Jennifer nos proporciona las pautas correctas y los pasos adecuados para centrar nuestros esfuerzos. La visualización es una de ellas. *"La visualización, que es poner en perspectiva "real", todo aquello que deseas lograr..." "La clave para obtener resultados favorables y eficaces con dicha técnica es equilibrar claramente la unión alma – mente..."*, para lo cual nos presenta siete premisas a tomar en cuenta, pero que no detallaré en este prólogo para que sea el lector quien las descubra en su tránsito por las páginas de este libro.

Así mismo, la autora nos describe Siete Leyes del Universo, tres de ellas inmutables y cuatro mutables, cuyo conocimiento constituye una herramienta preciosa en nuestro avance espiritual y material para lograr desarrollar nuestras potencialidades y alcanzar nuestras metas.

Finalmente quiero hacer un reconocimiento especial a Jennifer Rojas Trejo por obsequiarnos el oro de su corazón, convertido en amorosas palabras llenas de belleza y gratitud por la vida. Su capacidad afectiva, expresada con creces a lo largo del trabajo, el relato devocional de su entorno familiar, tan valioso para la construcción de su discurso y para la expresión de su síntesis vital, nos provee de aliento e inspiración para dar un giro a nuestra propia existencia.

Quiero cerrar estas páginas repitiendo una cita de Steve Job referida por la propia Jennifer: *"tu tiempo es limitado de modo que no lo malgastes viviendo la vida de alguien distinto, no quedes atrapado en el dogma que es tratar de vivir como otros piensan que deberías vivir, no dejes que los ruidos de las opiniones de los demás silencien tu propia voz interior y lo que es más importante, ten el coraje de hacer lo que dicen tu corazón y tu intuición, ellos ya saben de algún modo en quien quieres convertirte realmente"*.

MARÍA NAREA
Crítica de arte y literatura
Ensayista y narradora, Especialista en gestión cultural.

Venezuela, 2021

PRESENTACIÓN

Siento la necesidad de atender mi deseo más profundo: llegar a millones de personas e influir de manera positiva en sus vidas, tras mi observación y consecuente preocupación por esa tendencia generalizada a elegir el camino de la infelicidad que está tomando la mayoría de la humanidad. Por supuesto, estoy hablando de manera figurada, me engañaría pensando que este libro llegará al cien por ciento de los lectores que quisiera, además estaría expresándome en un tono poco humilde y ausente de realidad, pero si al menos puede procurarle el despertar a alguien, me sentiré satisfecha.

Después de haber vivenciado una de las experiencias más gratificantes de mi vida, la docencia, es inevitable que mi sentido de la observación, análisis de situaciones y personas, no se haya afinado, aportándome una delicada intuición en el momento de reflexionar acerca de distintos panoramas del comportamiento humano. Siempre desde el ojo de la crítica constructiva y desde mi atuendo más maternal, es inevitable querer ponerme manos a la obra, para al menos contribuir con el cambio que quiero ver en la sociedad.

No quiero ser indiferente y traicionar ese llamado interno que, desde el centro de mi pecho, me grita: ¡Jennifer haz algo! por lo menos expresa tu punto de vista, seguramente ayudarás o motivarás a muchas personas, que podrían ser como tus alumnos, esos adolescentes que tanto quisiste. En este sentido, y siendo fiel a mi intuición, me he dispuesto a desarrollar este libro, dedicado especialmente para ti, porque sí, es para ti. Si has llegado hasta mis páginas y yo he llegado a ti, es porque definitivamente mis letras ahora son tuyas también, te proyectarás en ellas y harás introspección tal cual me sucedió a mí mientras escribía estas páginas.

Adentrándome un poco cada día en la mentalidad de los más jóvenes de mi país, Venezuela, inevitablemente siento la necesidad de hacer un llamado a *despertar*, para aportar al cambio de rumbo que debería tomar la sociedad, no solo de nuestro país, también a nivel mundial. Hablo de la mayoría, de esa colectividad que, como yo, a diario sueña con un mejor mañana, personal y familiar. Sin embargo, veo desde mi balcón que muchos actúan como robots, como autómatas en este mundo de tanto "avance". Permanecemos cegados, casi drogados, sin darnos cuenta cómo pasa el tiempo y la imposibilidad de volver a atrás. Ver cómo millones de jóvenes pasan horas deslumbrados tras una pantalla, viendo vidas que quisieran tener, quedándose solo ahí, en el deseo de querer, pero pasan tanto viendo, que irónicamente no tienen tiempo para dedicarse a descubrir cuál será su camino personal para llegar a esos sueños.

El universo es nuestra fuente infinita e inagotable de recursos. Debemos saber cómo utilizar y aprovechar al máximo esos recursos, y no digo que esté mal el uso de las redes y la tecnología, por el contrario, soy pro-tecnología, con ella la humanidad ha llegado muy lejos, las distancias se han acortado, las amistades se han multiplicado, los emprendedores se han reinventado, la creatividad imperecedera de tantos individuos se ha expandido y un sinfín de ventajas nos ha aportado. Justamente por ese alcance extraordinario, es que puedo darme cuenta de su poder, que si no es bien administrado, todas esas bondades podrían convertirse en nuestras enemigas.

Me preocupa ver cómo la nueva generación millennials y generación Z, son los dueños del futuro de la humanidad, y esta generación donde se desenvolverán mis propios hijos en un mañana, está sumergida en un mundo, a mi parecer, un poco engañoso. Pasan días distraídos consumiendo tiempo valiosísimo en redes sociales, programas de Tv, plataformas de *streaming* como Netflix, entre otros distractores y no se dan cuenta de que deben descubrir el llamado de su corazón y lograr entender el motivo de por qué están aquí.

Mi inquietud aumenta al ver personas de más avanzada edad conformándose con unas vidas de robots, basadas solo en rutinas diarias y salarios "seguros", me preocupa ver también cómo la creatividad cada día va mermando, cómo los sueños van muriendo, permitiéndole fantasear solamente a los más pequeños en el momento de juegos y recreación, además ver cómo tanta gente renuncia a sus anhelos, incluso hasta los olvidan por tantos miedos y limitaciones que nos han impuesto como sociedad. Me preocupa ver cómo nos dominan y dejamos de lado el motivo real del por qué cada ser humano está en este plano.

Piénsalo bien; ante esta realidad ¿estás dispuesto a conformarte con una vida de rutinas diarias, despertarte a desayunar, ir a tus deberes, cumplir con las responsabilidades, almorzar, recrearte solo un poco con el celular, llegar a cenar, ir al baño, dormir, esperar al tan "especial viernes" para tomar algo, comer algo distinto y comenzar de nuevo cada lunes? Este no es el mejor camino. ¡No puede ser! La búsqueda debe orientarse desde otra perspectiva.

Para mí la vida se trata de mucho más que eso, la vida es maravillosa y mientras estamos aquí debemos aprovecharla al máximo, por eso insisto en llegar a las masas dormidas, para que entiendan, que nunca es tarde, y que el tiempo es lo más valioso que tenemos. Este pasa silencioso y no es retornable, es por ello que primero debemos ocuparnos en Ser para poder llegar a Hacer, que cualquier cosa que puedas imaginar en tus pensamientos puedes llegar a materializarlo y tenerlo en tus manos.

No puedo tener ante mis ojos el desvanecimiento de la esencia humana, y la conversión hacia una sociedad completamente robotizada, sin principios morales ni conservación de los patrones biológicos que nos identifican como seres humanos. Renunciando cada día más a la verdadera felicidad, vivir nuestras vidas desde un ángulo diferente, y en el camino lograr conquistar con cada paso el tan prometido paraíso, pues me niego a pensar que esa vida de rutinas que te he descrito es la que todo humano merece.

En el quinto párrafo de esta introducción, describí la tecnología con la palabra avance entre comillas, por el hecho de que no es un avance real para todos lo que disfrutamos de ella, ya que, como ves, ciertamente pasas mucho tiempo apegado. Si quieres avanzar en tu vida, en los verdaderos pasos que debes dar para lograr lo que deseas en realidad, debemos aprender a verla como una herramienta que nos puede apoyar para cumplir nuestro propósito, no podemos permitir por el contrario que se convierta o nos robe nuestras vidas.

En este libro pretendo mostrarte rutas separadas por doce capítulos, las cuales son herramientas que te van a ir llevando a identificar en ti mismo qué es la felicidad, qué te atrapa, qué te apasiona, qué mueve tu alma. Más adelante atenderemos qué cosas sientes, cuáles pueden ser tus limitantes y cómo destruirlos, te ayudo a identificar efectivamente quién o quiénes son tus más grandes apoyos, aquellos aspectos de tu personalidad que sacan siempre lo mejor de ti. Son también tema de importancia los estados anímicos, las dudas, los sueños, los miedos, por la influencia que ejercen en nuestras decisiones.

Tomando en cuenta que ante una sociedad de tanta comparación irreal, debes forjar una personalidad fuerte y decidida, las virtudes que te llevarán al éxito son la fuerza de voluntad, la disciplina, el autoconocimiento y autodominio. Entender que controlando tus pensamientos, controlas tu mente, si logras controlar tu mente, conectarte con tu poder interior, podrás controlar tu vida, y si logras controlar tu vida, serás libre de decidir experimentarla de manera extraordinaria, como la has soñado, así como la han vivido tantas personas exitosas en la historia de la humanidad. Además, entendiendo que el éxito no es un acto sino un hábito, para el cual no se puede dejar de lado la Fe, la buena actitud y los pensamientos positivos durante todo el proceso.

¡Comencemos juntos esta experiencia!

Te propongo que acompañes la lectura de este libro con un planificador, el cual puede ser un cuaderno o agenda de reflexión, donde vas a ir tomando nota de todas aquellas frases que te hagan resonancia, todas aquellas lecciones que sientas que has aprendido y donde vas a realizar ciertos ejercicios que te voy a ir proponiendo en el transitar de cada capítulo. Además, podrás utilizarla para anotar cualquier idea que se te ocurra para mejorar tu vida, para sacar provecho a todo tu potencial y encontrarte con tu mejor versión, esa o esas ideas pueden ser en cualquier aspecto de tu vida, en el que a corto, mediano o largo plazo quieras mejorar o alcanzar alguna meta. Puede ser en el ámbito personal tanto físico, espiritual o mental; en el área familiar o relaciones interpersonales; en el campo laboral o financiero, entre otros. La idea principal de llevar un planificador es que te organices, que tengas un plan de acción diario, que puedas ir anotando ideas, pensamientos, reflexiones, afirmaciones, visualizaciones, proyecciones o cualquier ocurrencia que te lleven a tu máxima expresión poco a poco. Así evitarás procrastinar cualquier responsabilidad o acción que debas llevar a cabo en el momento adecuado para tu fin de ser mejor cada día, hasta conquistar tu tierra prometida, esa vida que has anhelado y que está ahí entre tú y el plan de acción que debes comenzar cuanto antes.

La primera actividad con la que quiero que comencemos es que respondas a las siguientes preguntas:

1.- ¿Por qué crees que este libro ha llegado hasta tus manos?

2.- ¿Cuál crees sea el propósito de su lectura?

3.- Escribe qué quisieras obtener al finalizar este libro, una vez leída solo la introducción.

4.- Antes de comenzar la lectura, responde ¿Cómo pasas tus días?,

5.-¿Cómo son tus mañanas?

6.- Al llegar a tu lugar de residencia, durante la lectura del libro, repasa tu día y reflexiona sobre todo lo sucedido desde el amanecer hasta cuando llegue la hora de dormir.

CAPÍTULO 1

"Abandona la necesidad de ser perfecto
para tener la oportunidad de ser auténtico.
Sé quién eres. Quiérete a ti mismo.
Los demás también lo harán"
HAL ELROD

Identidad Personal

Comencemos con esta pregunta, ¿Qué es lo que quieres lograr en la vida? Se supone que todos deberíamos tener un norte en nuestra vida, un objetivo, una meta, un sueño que cumplir, a eso me refiero cuando te planteo esta interrogante. Veamos ¿Estás en la capacidad de responder automáticamente y sin titubeos?, ¿leyendo estas líneas lograrás responder de manera clara y concisa? Probablemente sí, en ese caso habrás llevado un gran trecho recorrido y por ende ganado, ¡enhorabuena, te felicito!

Si no has conseguido responderla de manera segura y determinada, no te desanimes, eres parte del 99% de la humanidad, que al principio no entiende muy bien por qué está aquí en este mundo, en este preciso momento y lo más importante, para qué estamos aquí. Debo decirte que estás a punto de salir de esa duda y yo te voy a ayudar.

Te recordaré algo que seguramente has escuchado y leído en infinitas ocasiones: **Todos somos especiales e importantes y todos absolutamente todos hemos venido a este mundo a cumplir una misión divina para trascender.** En este punto es necesario que no solo te lo creas, sino que debes tener en tu conciencia la convicción de que eres un ser único e irrepetible, con una finalidad importantísima para la humanidad entera, y que si la descubres podrás contestar a mi primera pregunta de manera infalible.

Todos siempre soñamos una vida llena de felicidad, paz, salud, riqueza, logros, éxitos, ¿cierto? Pero la mayoría de las veces no entendemos bien el significado de cada uno de estos aspectos. Nos sentimos felices, en algunos momentos y en otros no tanto, algunos días sentimos paz y otros estamos perturbados, algunos días nos sentimos con mucha energía y gozamos de excelente salud y al otro quizás recaemos, en algunos períodos, nos sentimos prósperos y productivos, pero al llegar las facturas no nos sentimos tan afortunados, en algunas ocasiones nos felicitamos por ciertos logros y objetivos alcanzados, pero en otras nos frustramos por no haber llegado a la meta.

Es normal todo esto, pues somos seres humanos susceptibles de vivir esas alta y bajas, pero en realidad si terminas en una tormenta de emociones la has creado tú y nadie más. Seguro me dirás, no Jennifer, cómo se te ocurre esa locura, yo no he creado esta situación, jamás he querido sentirme mal de ninguna manera; sin embargo, más adelante te convenceré de que ha sido así, tú mismo lo has co-creado todo.

Si yo te digo que para mí el mejor almuerzo del mundo, por el que se me hace agua la boca (literalmente es así), es salmón a la plancha, condimentado con algo de sésamo, eneldo, sal y pimienta, acompañado de un tazón full de ensalada de lechuga, pepino, tomate, calabacín, berenjenas, coliflor y brócoli, aderezado con vinagre, aceite de olivo, sal, pimienta y un toque de edulcorante orgánico, stevia o fruto del monje (sí, dulce en la ensalada, tal como lo lees); además, te confieso que cada noche me duermo con una ilusión increíble, pensando que me despertaré a las 4:45 am (sin importar el día), dándole un beso a mi esposo y saliendo de la cama sin mucho ruido, para montarme en mi bici de spinning por aproximadamente 60 minutos, finalizando con un entrenamiento de fuerza (todo en ayunas); estoy segura dirás: -Jennifer estás demente.

Debo afirmarte que si bien puede resultar extraño, esto forma parte de mi felicidad diaria, es para mí una de las más grandes bendiciones que me acompañan cada mañana. En cuanto a mi almuerzo ideal, seguro no lo creerás, pero sí, me deleito con eso que te describí. Probablemente dirás, pero cómo no te gusta una hamburguesa o una pizza, o mejor aún, un plato de pasta con carne molida (boloñesa), tajadas, un toque de mayonesa y queso (ese amor de plato solo lo entenderán mis queridos paisanos venezolanos). Pues no es mi realidad pensar en esos platos, no llaman para nada la atención de mi paladar. Claro, mi intención no es hacer de este libro uno de recetas o fitness, solo con esto quiero hacerte entender que, el concepto de felicidad, paz, salud, riqueza, logros, éxitos, etc., son totalmente diferentes e individuales para cada ser humano. Sin embargo, tal como expresaba al inicio, para forjar una personalidad fuerte y decidida que te permita alcanzar el éxito, debes tener presente: la fuerza de voluntad, la disciplina, el autoconocimiento y el autodominio, virtudes que deben formar parte de tu Ser y del Hacer. Es así como he logrado concebir mi vida en un ámbito de bienestar integral.

Por eso la importancia de tener muy claro el concepto de realización, así podrás responder a mi primera pregunta, debes conocer tu identidad, tus rasgos o características que te diferencian de los otros y estar muy claro en tu vida, definiendo qué es para ti la felicidad. Si entendiéramos lo sencillo que es, nos habríamos ahorrado muchas frustraciones, disgustos, desacuerdos, desilusiones y algunos sin sabores.

Es justamente ese momento el perfecto, cuando entiendes tu identidad real, cuando aprendes a conocerte, valorarte, respetarte y comienzas a complacerte a ti mismo, sin importar y léeme bien: Sin importar lo que opine absolutamente nadie. Si constantemente te dejas llevar por el patrón de otras personas, te comparas o deseas la vida de otros, lamento decirte que vas directo a sentir todos esos aspectos negativos que estoy segura no quieres experimentar, pues la frustración, el disgusto y la tristeza, no son el norte o el sueño de alguien. Peor aún, imagínate todo el tiempo que has desperdiciado de este maravilloso regalo del universo que se llama vida, tratando diariamente de hacer lo que no soportas, solo para complacer a alguien más o para que te aprueben tus amigos, familiares, conocidos; solo para que digan él o ella hace las cosas de manera correcta, bajo reglas y parámetros, impuestos por ¿quién?

Yo misma no estoy totalmente clara sobre quién demonios ha determinado que lo correcto es lo que la sociedad nos exige a diario, mostrándonos y bombardeándonos, con tantos prototipos de éxito y felicidad, con los que sinceramente no nos sentimos identificados, pero no hacemos más, sino seguir como borregos todo eso para ser aceptados y valorados, patrañas y más patrañas. Al diablo con todo eso, si al final tendremos como resultado un 99% de la población mundial, triste y frustrada, sentimiento que no lleva más que al resentimiento, a la envidia, al odio, lo que al final implicará la destrucción de nosotros mismos.

De allí mi insistencia en la necesidad que tienes de poner un STOP urgente al mundo exterior, conéctate contigo mismo, deja de sabotearte y de ser infiel a la persona que eres, se supone que tú eres el humano más especial para ti en todo el globo terráqueo ¿cierto? Entonces, ¿Para qué te sigues engañando, tratando de construir una vida "perfecta" para los demás? pero ¿llena de insatisfacciones para ti?

Los objetivos, metas y sueños de tu vida te los trazas tú. Nadie más que tú te conoce mejor, seguro ya has escuchado y leído esto mil veces, sin embargo, estás de acuerdo con todo lo que te acabo decir. Las respuestas a todo el camino de tu vida están dentro de ti y solamente ahí, por eso deja ya de compararte o de tratar de cumplir sueños que no son tuyos, siempre que tus deseos se encuentren en perfecta paz y armonía contigo y con el universo entero, sin dañar a ninguna criatura existente, ni a nuestro planeta, todos absolutamente todos tus deseos serán perfectos, son obra divina de la inteligencia infinita, y por tanto, todos los puedes cumplir solo descubriendo realmente qué quieres, con firmeza, sin dudas, asegurándote siempre de serte fiel a ti mismo, sin tratar de impresionar a nadie, solamente a ti.

Quiero guiarte un poco con todo esto, ayudarte a descubrir qué es lo que realmente quieres, ya que mi finalidad es ayudarte a despertar, que abras los ojos y te des cuenta que definitivamente el timón de tu vida lo manejas tú. Eres el único responsable en escoger cada dirección que vas a tomar para el siguiente peldaño, donde te encuentras ahora es resultado y efecto de todas las decisiones que escogiste en el pasado, pero la buena noticia es que el pasado ya no existe, cada día tenemos una nueva oportunidad para cruzar el timón, exactamente hacia el lugar al que queremos llegar. Es importantísimo que tengas claro tu propio concepto de éxito.

Para mí, el éxito es la presencia abundante de todo lo que haga plena mi vida, y me haga sentir que vale la pena vivirla cada día, como la salud, la paz mental y emocional, la tranquilidad y equilibrio espiritual, la unión familiar (no necesariamente física si no relacional), la libertad, la creatividad, y el entusiasmo por despertar cada día con la ilusión y la seguridad de que será un día maravilloso y perfecto que merece la pena transitar, así como también la abundancia en todos mis asuntos, pues el universo lo es, ¿ves poca vegetación en los bosques? No, todos estamos aquí para pedir y dar en grande.

Definitivamente tú eres tu solución. Cómo puedes esperar aprobación, respeto y admiración de los demás si tú mismo no te has reconocido. Si no valoras tus propios ideales y no eres fiel a ti mismo, de esta manera emites señales al universo que se traducen en la poca importancia que das a tus sueños y deseos, y él entenderá que no valoras los deseos más profundos de tu corazón, por ende, no te los mereces, sencillamente pasarán ante tus ojos millones de oportunidades y por tu incredulidad, las dejarás ir sin aprovechar nada.

Luego de mi experiencia como docente (la más hermosa y gratificante que la vida ha podido regalarme), y haber estado en contacto tan cercano con tantas personas muy diferentes y únicas, me he dado cuenta que el mayor reto en el momento de divulgar lo que realmente queremos y luchar desenfrenadamente por eso, no es que seamos incapaces o que no tengamos fe en nosotros mismos, nuestro mayor reto probablemente es que somos demasiado poderosos, no son nuestras sombras las que nos atemorizan y nos paralizan a accionar, todo lo contrario, es nuestro brillo lo que nos asusta.

Nuestro inconsciente nos hace jugadas que pueden causar dudas sobre nuestra capacidad, presentando diferentes cuestionamientos ¿Quién soy yo para brillar, para ser talentoso, increíble? Ahí es donde nuestra mente consciente debe parar y devolverle la pregunta ¿Quién soy para no serlo?, sencillamente eres hijo de Dios, pasar por el mundo de manera desapercibida, sin hacer ruido, no tiene ningún sentido, nunca aportarás nada para otras personas que seguro necesitan de ti, de tus talentos, de tu creatividad, de tu disciplina, de tu voz, de tu fuerza, de tu ingenio, de tu amor, de tu amistad, de tus palabras.

Todos absolutamente todos estamos destinados a traer luz al mundo, nacimos para poner de manifiesto la grandeza de Dios, del universo, del creador (en fin, como te sea más cómodo llamarlo), no solo algunos somos privilegiados o escogidos, en realidad todos hemos nacido con un fin, al liberarnos de nuestros propios miedos, iluminamos a otras personas que seguramente lo necesitaban y automáticamente las ayudamos sin percatarnos, así que no puedes sacrificar tus deseos por los demás, el sacrificio solo proviene de pensamientos falsos y de carencias, desencadenando en resentimientos que al final no traen ningún beneficio, hay abundancia para todos y existe un lugar para cada uno en el planeta, donde todos podemos ser exitosos y vivir plenamente. Pero, cada persona tiene la responsabilidad de descubrir su esencia, el deseo más profundo de su alma y con ello su propia meta de felicidad.

Demasiadas personas comienzan con la intención de mejorar, solo para quedar atrapados en el proceso, porque se centran en pensamientos limitantes como "no estoy seguro de ser capaz de esto" o "debería esperar hasta el próximo año para intentarlo". Este tipo de pensamientos es el destructor de cualquier progreso que quieras hacer. Pensarlo es creerlo, y en consecuencia inmediata, tras la acción adecuada se traduce en crearlo. Comprometerte con tu crecimiento personal es inútil si no te comprometes también con el pensamiento positivo. Eso significa abordar cada día con un sentido de gratitud, deteniendo cualquier pensamiento limitante y negativo. En lugar de preguntarte si puedes hacer algo, piensa: "Esto será difícil; no obstante, estoy agradecido por el desafío".

Cuanto más lo pienses, más lo creerás. Una vez que creas que eres capaz de cambiar y crecer, el cielo es el límite y este es infinito.

Conviértete en esa persona a quien admiras, respetas y con quien te encanta estar. Cuando eres feliz, emanas felicidad por doquier y bienestar a tu entorno.

Nunca pierdas tu brillo por alguien más, nunca traiciones tus ideales, tu esencia, tu mística, simplemente porque los demás no te aprueben. Y si de la opinión de los seres que sí te importan realmente se trata, como tu pareja, tu núcleo familiar, ellos al verte tan feliz y emocionado haciendo lo que te apasiona, se alegrarán tanto como tú, compartirán tus triunfos, porque todo lo perfecto proveniente de la pasión de los humanos, siempre terminará en éxito rotundo.

Sumario
Aplicando tu identidad personal

Comenzar el camino hacia la superación personal, es un trabajo de dedicación íntima; siendo el primer paso importante para conocer la identidad personal. Implica identificarte, conocer tus gustos, saber en realidad qué cosas te agradan, qué te hace feliz, qué te motiva, qué te hace despertar cada mañana mirando hacia tu norte. Más allá de tus familiares, hijos, amigos, que podrían ser reflejos de ti, esa respuesta debes ubicarla en tu interior, difícil que alguien te conozca más que tú mismo, que alguien pueda ser más auténtico contigo que tú.

Sorprendente, pero este punto de partida suele ser uno de los más complejos de resolver, hacer introspección e indagar en el mar interno de nuestros pensamientos, emociones y sentimientos, supone para la mayoría de las personas un gran reto.

A menudo resulta desafiante el acto de reflejarnos en el espejo, de encararnos con la persona más difícil de mirar a los ojos: tú mismo; solo los valientes con coraje genuino, son los privilegiados que logran de manera inteligente y eficiente asumir sus realidades; solo aquellos que logran convivir con su interior, son los que aprenden exitosamente a escuchar la voz de su alma, valorando todas aquellas fortalezas y aptitudes que nos permiten ser nuestra mejor versión, así como admitir aquellas debilidades que conscientemente debemos mejorar para alcanzar mayor superación personal.

Es importante que tengas una personalidad fortalecida, pues tú debes definir los parámetros de una vida de éxitos, y es que el éxito no es más que el estado constante y abundante de felicidad, de paz, tranquilidad y equilibrio, debemos dejar de percibir el éxito como un acto puntual, la vida exitosa debe ser constante en todos los aspectos. Tomando en cuenta que para todos, los conceptos de felicidad, paz, tranquilidad y equilibrio no son los mismos, por tanto, tus gustos y preferencia en muchos puntos discreparán de los demás, ahí es donde juega el éxito un rol muy importante: forjar una personalidad decidida y fuerte, para defender tus sueños.

A escondidas con mi ser

En este punto quiero invitarte a hacer un ejercicio que te ayudará a afianzar todos los aprendizajes que quiero comunicarte en este primer capítulo, para ello es necesario que te regales un breve tiempo en intimidad para lograr lo requerido. Disponte en un lugar silencioso, de paz, donde no tengas interrupciones por al menos 30 minutos, de ser necesario apaga tu celular, hazle saber a tus seres queridos, o a cualquiera que necesite contactarte que estarás ausente en una actividad personal por los próximos 30 minutos, así te aseguras de no ser interrumpido, si eres una madre de pequeños, te recomiendo hagas esta actividad cuando tus peques estén dormidos, así podrás concentrarte y entregarte de manera genuina.

Ahora bien, comencemos por llenar el cuadro que te presento a continuación, para ello es necesario que te veas al espejo, que en él reflejes tu verdadera identidad, tu Yo más genuino y auténtico, sin caretas, sin máscaras, sin apariencias engañosas, no es necesario esconder nada detrás de sombras, recuerda que estás contigo mismo, nadie más te está observando, no te engañes de ninguna manera.

Luego de eliminar cualquier coraza en las que escondas
alguna característica que no quieres asumir en ti, pero que sabes
que está presente en tu personalidad o actitud, ante eventos de
la vida, empecemos por la columna de las incomodidades, en la
de la izquierda. Quiero que de la manera más consciente vacíes
en ella 10 características que no te gustan de ti, aquellas que
quisieras cambiar, pueden ser actitudes, emociones, adicciones,
manías, reacciones, hábitos, debilidades, limitaciones.

Una vez identificados estos factores, quiero que en la columna
de la derecha descargues todas aquellas fortalezas que identificas
de tu persona, todas aquellas características de las que te sientes
orgulloso y que te hacen sacar lo mejor de ti hacia el mundo,
estas pueden ser de igual modo emociones, actitudes, puntos de
vista, virtudes, principios, buenos hábitos, o cualquier elemento
importante dentro de tu personalidad que te hace resaltar.

	A escondidas con mi ser	
ITEM	**NO ME GUSTA**	**ME GUSTA**
1		
2		
3		
4		
5		
6		
7		
8		
9		
10		

Observa detenidamente tu cuadro comparativo. No existe ninguna de esas 10 características de la columna **"No me gusta"** que no puedas cambiar. Todos los seres humanos podemos conseguir todo aquello que seamos capaces de soñar, no alcanzarlo sería una anomalía, pues cumplir nuestros sueños es lo normal, quizás no significa que siempre lo logremos todo o en el tiempo que queremos, sin embargo debes estar seguro de que tanto en tu interior como afuera no hay limitaciones, todos albergamos la semilla de nuestra grandeza en el interior; todos tenemos la capacidad de manifestar lo que soñamos, sin embargo hay tantas personas que no lo logran porque carecen de la clave, poder, querer y comprometerse.

Dos actitudes fundamentales para desarrollar la habilidad de crear deseos en realidad son: el compromiso **infinito** y la disciplina **infinita**, con estas dos grandes herramientas el éxito está garantizado y el camino hacia conseguir lo que te propongas se acorta asombrosamente. Si hay algo seguro en la vida es que no hay nada seguro, lo que se traduce en que el cambio es la única variable constante, es lo normal, por lo que enamórate del cambio, y comienza a creer que si puedes cambiar todo eso de la columna **"No me gusta"**. El cambio ocurre todo el tiempo, somos testigos de milagros que ocurren alrededor del mundo en momentos y de formas inesperadas. Se nos presentan oportunidades y de manera impredecible desaparecen. No vivas con esa mezcla de temor, preocupación y nerviosismo en tu corazón, no te preocupes por un posible fracaso, las personas exitosas viven de otra forma, ellas pierden el miedo pues han comprendido la realidad, sus preocupaciones desaparecen, se convierten en alegres y desbordantes de energía, aprendieron a encontrar y valorar las coincidencias.

El cambio de todo recuerda la naturaleza transitoria de las cosas, no te etiquetes a ti mismo, todo eso que no te agrada puedes desecharlo y adquirir actitudes renovadas. Lo natural es que las cosas lleguen y luego se vayan, es lo normal, todas tus limitaciones de igual modo pueden irse de tu vida, todos esos malos hábitos, costumbres, paradigmas, puedes eliminarlos de tu ser, pues no te determinan, sólo aquello que tú desees realmente es tu identificación real, trabaja incansablemente para ello, hasta que orgánicamente lo consigas. Un cambio de conciencia es el primer paso, cambiar tiene un precio y no cambiar también.

Aprovecha el potencial inagotable que reina en ti, lo podrás comprender cuando conozcas la verdadera naturaleza de lo que te ocurre, la relación entre todos los sucesos que experimentamos, el hecho de que no logres lo que quieres, es síntoma de que te falta convicción, concentración, mentalización y ganas para alcanzarlo, la carencia de resultados es el reflejo de una carencia de mejores creencias, comenzando por creer en ti mismo, fomenta la autoconfianza, debes cambiar previamente las ideas sobre todos esos aspectos de tu persona, los que no son más que paradigmas, creados a razón de tus vivencias, experiencias, educación y probablemente patrones o comportamientos heredados de tus antepasados, fíjate que puedes cambiarlo, todo se basa en lo que realmente quieres, y en trabajar constantemente en ellos.

Si vivieras a través del alma, abandonando el ego, conseguirías desechar las dudas, las melancolías, tristezas, desánimos, falta de energía, te alejarías de todo eso que te ata al mundo físico y que se traduce en todas esas cosas que quieres eliminar, permítete la oportunidad de disminuir la columna **"no me gusta"** e incrementa la **"sí me gusta"**. Activa todo tu potencial, no habrá nada de lo que te puedas arrepentir cuando comiences a percibir todos los maravillosos cambios que obtendrás, busca dentro de ti todas las acciones a tomar para alcanzarlo, quizás se trate de levantarte más temprano cada mañana, o de tener una actitud más humana y alegre cada día con las personas que te rodean, quizás se trate de ser más empático, o de abandonar de una vez y por todas esos vicios o malos hábitos que abren la puerta al abismo entre tú y tu deseo, pregúntate que es más importante: cambiar y comenzar a alcanzar la vida de felicidad plena que deseas, o continuar día tras día con lo que te hace desdichado, amargado o infeliz.

CAPÍTULO 2

*"Cuando un hombre ha puesto
un límite en lo que hará,
ha puesto un límite en lo que puede llegar a hacer"*
CHARLES SCHWAB

Creencias Limitantes

Te confieso que desde agosto de 2017 me he saboteado por el miedo al qué dirán, pues sí, desde entonces ha estado en mí el deseo de sentarme a escribir y rondando en mi cabeza muchas de las frases presentes en este libro. Desde hace ya casi 4 años he titubeado al responder qué quisiera hacer, pasado tanto tiempo entendí que la vida es una sola y que debo complacer a mi voz interior, que lleva años gritándome siéntate y escribe. Justamente el 19 de marzo de 2021, en medio de una pandemia mundial, cuando mi país, Venezuela, atraviesa una de las crisis más grandes a nivel económico, sanitario y social en su historia, decidí de una vez y por todas prestarme atención y regalarme un tiempo a diario conmigo, lo que hizo que todo fluyera.

Claro, también debo decirte que importan mucho quienes nos apoyan. A mi esposo, mi compañero de vida, le agradezco el vuelo y su confianza, desde siempre ha creído en mí y me ha apoyado en cualquier deseo que se me pueda ocurrir, definitivamente él es la bendición más maravillosa que me ha concedido el universo (pero de esa historia les hablaré más tarde). Al igual que el apoyo incondicional de mis padres desde que me trajeron al mundo. Imagínate ¿qué hubiese pasado si me hubiese hecho caso 4 años antes?, ¿cuánto tiempo me hubiese ahorrado?, ¿cuántas producciones ya hubiese hecho?, y en lugar de estar escribiendo mi primer libro, probablemente ya iría por el quinto.

¿Qué te impide ser lo que quieres ser?, cuáles son todas esas limitaciones, miedos, apegos, costumbres, hábitos o malos hábitos, personas negativas, creencias, tabúes, opiniones, sociedad, amigos, familiares, etc, que te detienen en el momento de pensar y sentir todos esos sueños que siempre han estado ahí en tu mente, que has querido cumplir pero ni de chiste te atreves a llevarlos a cabo, quizás es porque no tienes ni la más mínima idea de cómo comenzar o sencillamente te dejas arrastrar por toda la corriente ya mencionada.

Si no tienes idea de cómo empezar, déjame responderte cómo puedes hacerlo ¡Comenzando! Sí, la única manera de cumplir tus sueños, de salir del sistema holográfico multi-realista en el que vivimos a diario, es ponerte a ello, y darle paso a toda esa pasión que sola se va a ir desarrollando en lo más profundo de tu ser y te va a mostrar el camino, para llegar a donde quieres llegar. Si además te cuestionas o dudas por la falta de algún recurso para darle inicio a tus sueños, déjame decirte que no hay mejor momento ni herramientas para empezar que éste y exactamente con lo que cuentas ni más ni menos.

Nadie, lee bien, nadie puede conocerte más que tú mismo, así que nadie puede darte las respuestas sobre qué necesitas para arrancar cualquier proyecto, todas las respuestas están dentro de ti, el mayor problema que hemos tenido siempre, para poder descubrirnos a nosotros mismos y conectar con nuestra esencia, es el ruido exterior, tratamos de buscar de manera desesperada razones en cualquier lugar y nunca terminamos con éxito, a mitad del camino pasa algo y nos desanimamos, nos derrotamos, al punto de abandonar, llegando con esta renuncia el sin sabor de la frustración, la decepción y por ende, el miedo a volver a empezar. Preferimos arroparnos en algo seguro, en donde nos sentimos más cómodos y donde nos aseguren que no nos faltará una mensualidad. Pero es justamente ahí, en esa zona donde estás, en la que llamo la zona roja de total peligro.

Quizás en un trabajo fijo "estable" donde te garanticen una remuneración constante, te sentirás tranquilo, claro con el estrés del día a día, pero mientras conozcas tus labores y las hagas de manera correcta, creerás que ya estás realizado porque al menos consigues lo básico para cubrir tus necesidades. Pero qué me dices de lo más importante, y por lo que has decidido leer mi libro, **¡Tu felicidad!**

A ver, pensemos un poco, ¿crees que Dios nos ha creado y nos ha enviado a esta dimensión para despertarnos de lunes a viernes entre 5:00 am y 8:00 am para ir a estudiar, trabajar, o ayudar a tu familia en la casa, luego tener que atravesar todo un sinfín de situaciones para llegar a tu primer destino, tráfico, transporte público, multitud de gente, ahora el nuevo estrés llamado COVID-19, llegar a tu lugar de trabajo o universidad y tener que aguantar a tu molesto jefe o a tus compañeros, que por suerte tendrás solo un 20% de ellos con los que será ameno pasar tiempo y compartir la jornada, o a tus profesores si estas estudiando. Luego descansar probablemente por una hora mientras almuerzas, continuar tu día ya un poco más agotado por el trajín de la mañana, para volver a casa, o estar todo el día frente al computador para trabajar o estudiar a distancia, sin explotar al máximo tus potenciales y creatividad, y finalmente cansado de la rutina y la faena, tomar un baño, la cena, ver algo de Tv, Netflix, Amazon Prime, Disney Plus o perder al menos 2 o 3 horas (si corres con mucha suerte, si no serán 5 horas o más) pegado en el celular paseándote por Instagram, Facebook, Twitter, Tiktok o cualquier otra red social más, viendo la vida de otros que quisieras tener pero no has logrado, para finalmente irte a dormir y repetir la misma historia cada día de lunes a viernes. Para terminar con un fin de semana encerrado en casa porque ahora estamos en tiempos de pandemia, o con algo de suerte y muchísima precaución podrás salir con algunos amigos, ya no con todo el círculo social, para distraerte un poco y esperar de nuevo al lunes?

No te quiero decir con esto que no puedas disfrutar de alguna porción de tu día en distracción y entretenimiento, pero esto sí es muy importante para mí recordártelo, "una pequeña, medida y controlada porción", todo debe ser un equilibrio, y dentro de la balanza de tu vida, no deberías de inclinar el mayor tiempo en distracciones y entretenimiento que te sacarán por muchas horas de tu enfoque de felicidad real, créeme, en las redes no encontrarás tu identidad.

Para lograr cualquier objetivo, por muy pequeño que sea, más que fuerza de voluntad necesitamos disciplina, ya que la fuerza de voluntad puede tener fecha de caducidad, y siempre prevalecerá la disciplina que hemos construido con constancia, es por eso que te aclaro muy bien lo de tener equilibrio en el momento de recrearte.

¿Estás seguro de que esa monotonía rutinaria, aburrida y deprimente es a lo que llaman vida, estás convencido de que así eres feliz, estás seguro de que no estás traicionando a esa vocecita interna que te grita diciéndote ¡Despierta, reacciona, la vida es una sola, hay muchos sueños que debes cumplir!?

¿Estás seguro de querer pasar así los próximos 35 años de tu vida, con mayor preocupación cada día sembrándose en tu cabeza, por cómo vas a hacer para mantenerte a ti y a tu familia cuando ya no tengas la capacidad de seguir esa jornada a diario?

Creo, tal como te lo anuncié en el capítulo anterior, que la concepción de éxito de cada quien es particular, por tanto es relativa y responde al proyecto de vida de cada cual. Por ejemplo, si deseas tener libertad financiera, no depender solo de un seguro social, podrías lograrlo tal como muchas personas han dado referencia de ello; en este caso la mejor elección que puedes escoger en la vida es dejar de ser seguidor y comenzar a convertirte en el líder de tu propia vida, perseguir tus sueños según tu interés, trabajo, dedicación, sin tener que depender de alguien para satisfacer tus responsabilidades vitales. También por supuesto debes fomentar el desarrollo y crecimiento personal, invertir en ti para mejorar como ser humano.

Cuando comencé a escribir este libro, tenía muy clara mi intención, ayudar a la mayor cantidad de personas posibles alrededor del mundo a despertar, a entender que no estamos aquí solo para conformarnos con un sistema que nos han presentado y que no tiene ningún sentido, cuando al final se obtiene un 90% de la población mundial, triste, deprimida, enferma y sin ninguna realización. Cosas que desencadenan sencillamente en una terrible tormenta de hostilidad, guerras, pobreza, hambre, delincuencia.

Así que despierta de una vez por todas y derriba todos esos monstruos que tú mismo has creado en tu cabeza, no hay nada que pueda limitarte, el dueño de tu vida eres tú, no esperes a que sea demasiado tarde y que el tiempo (lo realmente más valioso que tenemos) te tome desprevenido y al final te arrepientas por no haber tomado acciones en el momento que tu propio ser te lo pidió.

Espero que entonces ya tengas respuesta a mi segunda pregunta, ¿Qué es lo que te impide ser lo que quieres ser?, analiza bien lo que te estás contando, probablemente uno de esos limitantes es la falta de recursos económicos. Pues he leído millones de historias reales, en las que hoy personas con mucho dinero comenzaron en la quiebra total, no solo económicamente sino física y mentalmente, pero demostraron la resilencia como virtud, la perseverancia y la disciplina. Te doy algunas referencias: Hald Elrod describe su increíble historia de superación personal en *"Mañanas Milagrosas"*, tras un aterrador accidente automovilístico y del que quedó casi sin vida, con el 70% de sus huesos rotos, le siguió una nueva pérdida: su matrimonio. Decidió emprender un camino como escritor, llegando a vender millones de copias, el artista callejero Guy Laliberté cofundador del Cirque du Soleil, comenzó en las calles, pero siempre creyó en el llamado de su corazón a persistir con su arte, hoy ya reconocido a nivel mundial, con millones de giras alrededor del globo, y con millones de espectadores y fanáticos de sus creaciones. El árabe Mohed Altrad, nació en una tribu nómada en el desierto Sirio, su madre una pobre mujer violada por su padre quien falleció cuando Mohed era un pequeño y fue criado por su abuela, hoy es presidente del Club de Rugby de Montpellier y empresario del año con un patrimonio neto valorado en $2.6 mil millones.

Oprah Winfrey, una de mis mayores inspiraciones, nació en una familia pobre en el estado de Mississippi, pero esto no le impidió ganar una beca para la Universidad Estadal de Tennessee y convertirse en la primera corresponsal de televisión afroamericana del Estado a la edad de los 19 años, hoy Oprah ha donado más de $425 millones a lo largo de su carrera, y con un patrimonio neto valorado en $2.5 mil millones.

Howard Schultz, presidente ejecutivo de Starbucks, creció en un complejo de viviendas para pobres, pero eso jamás fue una barrera para ganar una beca de fútbol en la Universidad de Northern Michigan, para continuar luchando por sus sueños y terminar con un patrimonio neto valorado en $3.7 mil millones. Do Won Chang, junto a su esposa Jin Sook Chang abrieron la primera tienda de ropa Forever 21 en 1984, hoy es un imperio internacional con 800 tiendas en 48 países. El multimillonario nació en Corea del Sur, trabajó como conserje, empleado en una gasolinera y en una cafetería cuando se mudó a los Estados Unidos, hoy con un patrimonio neto de $3.2 mil millones.

De esta manera, podría continuar escribiendo cientos de páginas más, citando ejemplos para convencerte de que cuando tienes un ideal, un deseo, un sueño metido entre ceja y ceja, no existe absolutamente nada que pueda impedirte ir tras él, si realmente quieres cumplirlo con todo el deseo de lo más profundo de tu ser, debes renunciar a la idea de culpar a terceros o a situaciones externas, tampoco nunca se transformarán por sí solas, debes dejar de engañarte con excusas, abandona tu desidia y ejerce los cambios en el momento indicado.

Estoy totalmente segura de que si has decidido continuar leyéndome, entonces estarás de acuerdo conmigo en que no he sido dura, sencillamente he expuesto una evidente y cruda realidad de la que todos debemos escapar, y de la que en algún momento todos hemos sido víctimas, esto no tiene nada de malo si lo reconoces y pones manos a la obra, pero si sigues sumergido "plácidamente" en tu zona de confort, dentro de un mar de millones de gotas turbias jamás podrás alcanzar ese sueño que en lo más profundo de tu consciencia sabes que sí se puede hacer realidad.

Solo basta un poco de voluntad y disciplina para lograr alcanzar al menos el primer paso, créeme, luego el segundo y el tercero serán muchos más fáciles, no pasará tanto tiempo hasta que te veas ahora sumergido en una nueva y fascinante realidad, en la que estarás enamorado de cada segundo de tu día, imaginando, pensando, creando, accionando y diseñando esa vida que tanto has soñado y te mereces. De esta manera verás cambios de inmediato, te maravillarás, incluso te aseguro que regalarás felicidad a tus seres más queridos, pues al verte tan feliz disfrutando cada paso que des, ellos también estarán felices por ti. Comienza ahora, pero ahora mismo.

Si no reaccionas y comienzas ya, el tiempo pasará y te vas a arrepentir, en un futuro no podrás endosar tu responsabilidad a esas limitaciones de tu fracaso y conformismo, porque has sido tú y nadie más que tú quien creó los resultados, recuerda todo se basa en las decisiones que tomamos cada segundo de nuestra existencia, desde preferir un vaso de agua a un vaso de refresco o desde salir a luchar por tus sueños o quedarte en tu cómoda cama aportando más millones a los creadores de las redes sociales, y a la televisión. Entonces comienza por decidir en eliminar de tu vida las limitaciones y comienza a actuar.

Nunca olvides esto, el mejor reemplazo para las excusas es el esfuerzo, exígete siempre un poco más y siempre darás un poco más, si por el contrario te victimizas, te compadeces de ti mismo terminarás derrotado y victimizado. Obsérvate, conócete, analízate y derriba el tope que te estás colocando, aléjate de todo aquello que no te permite evolucionar, identifica esos distractores que te llevan a la negación. Pueden ser hábitos, adicciones (no solo drogas, alcohol, cigarrillo, comidas, el azúcar, las harinas, redes sociales, tv y millones más), quizás personas que te arrastran al conformismo, que te restan y sacan lo peor de ti.

No pierdas de vista algo que siempre nos han recomendado los Best Sellers en emprendimiento, eres el resultado de la suma de los hábitos, costumbres, gustos y estilos de vida: De las cinco personas más cercanas a ti, aléjate, y no me mal intérpretes, no quiero decirte que te aísles y ahora te conviertas en un asocial, pero debes tener muy afinados tus sentidos para estar en la completa capacidad de diferenciar y discernir qué te conviene de ese círculo y qué no, tómate tiempo contigo mismo, cada día, en el momento que prefieras y sea más cómodo para ti, revisa tu día, obséquiate ese instante para reflexionar y decidir qué vas a desechar de tu día y con qué te quedarás.

¿No te ha ocurrido, que a veces prefieres pasar tiempo solo para no seguir escuchando las mismas conversaciones insignificantes y superficiales de algunas personas que te rodean a diario? Pues es tu voz interna llamándote a la reflexión, y a eso me refiero, que seas sensible y consciente en el momento de compartir en tu trabajo, universidad, vecindario, sencillamente piensa qué te aporta para ser cada día mejor y qué no.

No te cargues con los problemas y responsabilidades de los demás, no te pertenecen, nuevamente no me mal entiendas, puedes ayudar, pero siempre dentro de tus posibilidades y con total conciencia de que dicha dificultad es de la otra persona no es tuya, por alguna razón esa persona se encuentra en esa situación. Recuerda, se encuentra ahí como efecto de la decisión o decisiones que tomó en su pasado (causa de sus problemas). Piensa siempre en lo que quieres convertirte, pues si te cargas con los problemas y la vida de los demás, probablemente termines donde están ellos y ese no es tu objetivo.

Si no es posible alejarte de esas personas, entonces se diferente, mi mamá siempre me dijo: hija puedes estar en el barro y nunca ensuciarte. Al final siempre será tu elección, toma lo mejor de cada una y desecha todo aquello que sabes que no va a contribuir a cumplir tus objetivos.

Cuando comiences a alejarte un poco, a ser diferente, lo más seguro es que encontrarás personas que realmente te aprecien y estarán dispuestos a apoyarte en tus metas; también aparecerán los envidiosos y más aún si comienzan a ver resultados positivos en ti, ¿por qué las personas pueden sentir envidia? solo tengo una respuesta: ellos quieren ser como tú, tener lo que tienes o hacer lo que haces, en el fondo te admiran, respetan tanto, y el hecho de no saber qué hacer para parecerse a ti los frustra, y para calmar su fracaso te critican y te juzgan. No hay que dejarse robar los sueños, así que fortalece tu personalidad, sé determinante, no importa lo que opinen, no los escuches solo oye tu voz interior, es la única que sabe exactamente qué es lo mejor para ti, qué es lo que quieres y cómo lograrlo.

Por esa razón busca personas que te animen, te inspiren y que sean un ejemplo a seguir, sin envidia o competitividad, todo lo contrario, estúdialos, aprende de ellos, observa todo lo que hacen diferente a ti para lograr sus objetivos y toma ejemplos, empléalos en tu vida, bendícelos siempre en grande, pues han llegado a tu vida para motivarte y enseñarte, han sido una valiosísima herramienta para empujarte a comenzar el camino hacia tu vida feliz.

Sumario
Eliminando Creencias Limitantes

El segundo paso que pudiera resultar muy difícil, después del reconocimiento de nuestra identidad personal, consiste en detectar todos los limitantes que nos paralizan en el momento de tomar alguna decisión o acción hacia lo que reconocemos como nuestra felicidad. Esos límites por lo general vienen creados en nuestro inconsciente, como resultado de creencias, paradigmas, estigmas, etiquetas, calificativos, personas, opiniones, prototipos, que desde nuestra niñez la sociedad ha sembrado en nosotros, han quedado marcados en nuestra memoria sin darnos cuenta de ello y van a influir en nuestro comportamiento, generando dudas e inseguridades cuando decidimos llevar a cabo cualquier proyecto, o tomar acción para emprender el camino del logro de algún sueño o meta.

Así como también el auto sabotaje que se da por carencia de fuerza de voluntad, falta de disciplina, mala administración del tiempo, procrastinación constante, ineficiencia en la asignación de prioridad de las actividades diarias, sin mencionar aspectos más graves como malos hábitos, vicios, pereza extrema, malas influencias.

Si no despertamos y le quitamos toda la fuerza de raíz a estas actitudes limitantes, negadoras de sueños, el tiempo continuará pasando sin darnos cuenta. Nos cuesta recordar que esta vida es un recurso no renovable, terminando finalmente con vidas ordinarias, comunes a las masas, al menos que reflexionemos con sensatez y oportunamente para tomar la responsabilidad de nuestras decisiones y con ellas las acciones pertinentes. Es la manera de destruir esas barreras que impiden convertirnos en nuestra mejor versión.

¿Qué te impide ser lo que quieres ser? Esta es la segunda interrogante, es de suma importancia para lograr entender qué monstruos se van creando en la cabeza, ficticios por demás, que no nos permiten quitar las vendas que nos ciegan e impiden deleitarnos con esa vida que soñamos, y que siempre ha estado ahí en nuestros corazones. Respóndete esta interrogante, busca las razones con la mayor sinceridad posible, entenderás que son situaciones, creencias, miedos, todos creados sobre bases falsas, inexistentes. Por eso, si estudias detalladamente, sabrás que podrás eliminar esos errores de tu chip, que ha sido programado erróneamente por una sociedad que ni te conoce, ni comprende tus necesidades, gustos y felicidad. Si te atreves a despertar y a eliminar tus cadenas, en poco tiempo sentirás un gran orgullo y tranquilidad contigo mismo, nunca dejes de oírte y mucho menos dejes de confiar en ti.

Desestructurando falsas limitaciones

Con este segundo ejercicio te propongo desaprender un poco, sí, en equipo borraremos ese chip que te han implementado como creencias que te limita y te hace tener pensamientos como: no puedo alcanzar más allá, llegué hasta aquí, no podré alcanzar eso jamás, imposible, nadie en mi familia lo ha logrado, quién soy yo para merecer eso, entre muchos otros a los que llamo secuestradores de sueños.

Comencemos por recordar todas esas limitantes y etiquetas ya identificadas en la columna de **"No me gusta"** en el primer capítulo, y otros tantos pensamientos más que se te han paseado por la mente mientras leías el segundo capítulo, tenlas presentes y anota todo en una hoja de tu agenda. No olvides que esas creencias han sido construidas a través de la experiencia, que hacen interpretar la realidad de una manera que limita tu desarrollo e impide que alcances aquello que deseas. En vista de que estas se consolidan en el período de aprendizaje, es de suma importancia que las personas que tutelan a un niño durante los primeros años de su vida, cuiden la forma de hablarle y de condicionarlo en el momento de referirse a sus capacidades, sueños y en las ideas que les transmiten, por eso el entorno familiar, sociocultural y la educación que recibiste en tu infancia condicionaron sin duda la forma de pensar que tienes hoy.

Un tipo de creencia limitante, generalmente aprendida durante la infancia, es la falta de confianza y autoestima. Acuérdate del cuento " en el que el elefante adulto no se deshacía de una débil cadena simplemente porque de pequeño aprendió que no era capaz de hacerlo".

En la mayoría de problemas de autoestima existe una creencia limitante que está asociada a un miedo, por lo que tu creencia no es la verdad, es una verdad que tú has construido.

De igual manera existen creencias adoptadas en la adultez, que también pueden ser adquiridas a partir de alguien que consideras que posee autoridad moral o de conocimiento. Por ejemplo, si un experto y reconocido nutricionista dice en un medio de comunicación de masas que el vinagre de manzanas en ayunas ayuda a perder grasa corporal, al día siguiente de la emisión, con bastante probabilidad, aumentarán las ventas del vinagre de manzanas. Debido a que no tenemos la capacidad de saberlo todo, y además depositando nuestra confianza en personas que podrían significar autoridad en algún campo, se van sembrando más creencias en nuestras mentes a lo largo de la vida. Por último, tu moral y tu fe pueden confeccionar un punto de vista particular basado en tus valores personales o principios fundamentales.

Las creencias tienen un poder extraordinario, que es el condicionamiento. Estas se dirigen a tus pensamientos, de ahí a tus emociones, decisiones y acciones ante cualquier situación. Ese condicionamiento del que te hablo puede ser determinante en tu vida, tanto de forma positiva como negativa. De este modo una creencia potenciadora puede llevarte a alcanzar retos imposibles, y una destructiva es capaz de dirigirte al fracaso. Cambiar tus creencias puede cambiar tu experiencia vital de un modo determinante.

Para modificar tus creencias y limitaciones una vez detectadas, comienza por cuestionar la fuente, pregúntate, ¿es real?, ¿según qué teoría?, ¿según quién?, ¿qué autoridad tiene esa persona?, ¿qué tanto conocimiento posee?, ¿necesariamente siempre tiene que ser así?, ¿estadísticamente existen resultados significativos de un alto porcentaje de casos que aseguren esa creencia?

Una vez que quitas poder a la limitante, y logras desaprender, debes comenzar a consolidar la nueva creencia, la cual en su lugar será liberadora, lo puedes lograr a través de la repetición de afirmaciones sobre la nueva creencia. También puedes hacer práctica constante de comportamientos, conductas y lenguaje que estén asociados a la misma.

Ahora te invito a realizar el liberador ejercicio de las piedras, en el que experimentarás el sentimiento de soltar cargas y apegos innecesarios que realmente no te pertenecen. Visita uno de tus lugares naturales favoritos. Lleva contigo un marcador grueso. Al llegar a ese espacio comienza a recopilar piedras de tamaño medio, escribe en cada una de ellas los apegos y limitaciones que identificaste en la lección (personas, relaciones, hábitos, objetos). Cuando hayas terminado, distribuye las piedras en tus bolsillos. Tendrás que cargarlas por 30 minutos. Al comenzar a pesarte, elige una y tira esa piedra con determinación y alegría. Disfruta cómo te sientes al estar cada vez más ligero. Por último, escribe en tu bitácora todo lo que sentiste durante tu experiencia.

CAPÍTULO 3

"La fe es el camino para los valientes, para quienes asumen con convencimiento profundo que una meta se va a conseguir, pues Dios te ha diseñado para ganar. Es saber, ante la incertidumbre, que no estás solo. Dios está contigo".
CARLOS SAÚL RODRÍGUEZ

Los Regalos de la Divinidad Infinita

Todos hemos sido enviados a este planeta para conquistar el éxito, y vivir plenamente en felicidad. El universo obedece exactamente a todo cuanto pides, a aquello que más deseas. Solo los sabios de espíritu y mente, sabrán utilizar tal poder a su favor.

Mateo 7:7 "Pidan y se les dará, busquen y hallarán, llamen y se les abrirá"

Mateo 12:37, "por tus palabras serás justificado y por tus palabras serás condenado"

Hasta este punto me has acompañado para compartirte mi secreto más efectivo en el diseño de una vida genial, acorde a tus sueños, te regalo la base para responder instantáneamente la primera pregunta que te hice, ¿recuerdas?, ¿Qué es lo que quieres lograr en la vida?, demostrándote (solo si me lo permites) que la segunda pregunta, ¿Qué te impide ser lo que quieres ser? no tiene sentido alguno. Para mí los miedos son una ilusión, una gran mentira que nos hemos creado, resultando en la limitación de nuestro potencial, que está ahí y siempre ha estado.

Ya es bien sabido que muchos personajes trascendentales de éxito, como Albert Einstein, Isaac Newton, Nicolás Copérnico, René Descartes, así como personajes más cercanos Oprah Winfrey, Jhon Maxwell, Robert Kiyosaky, Bob Proctor, Denzel Washington, Jim Carrey, Bill Gates, Mark Zuckerberg, entre muchos otros, hacen de su rutina cotidiana la ley de la atracción. Para ello dominan a la perfección sus palabras, pensamientos, emociones y sentimientos. Ellos conocen a la perfección que todo, absolutamente todo lo que llega a nuestras mentes, que deseamos cumplir, es posible manejando adecuadamente y a su favor dicha ley. Son extremadamente delicados en el momento de anhelar cualquier cosa, ya que, al nacer sus deseos, generan conjuntamente la convicción de que lo obtendrán, sin un ápice de dudas, si por un pequeño descuido aparece un pensamiento no deseado, automáticamente lo cambian a tres o más positivos.

Para todo hombre existe un lugar en este universo, una perfecta versión de sí mismo, un lugar, el cual debe ocupar y nadie más puede ocupar por él, esto es lo que conocemos como la idea perfecta, presente en el entendimiento divino de la inteligencia infinita. Ese lugar que revela la versión perfecta del hombre, al ser reconocido es el llamamiento más elevado que puede recibir cualquier humano, es el designio de su vida, su plan maestro a cumplir en la tierra.

Benditos y afortunados aquellos que logremos escuchar esa voz interna que nos invita a ocupar pronto ese lugar en el planeta, en la existencia, estoy segura, desde tu infancia algunas preguntas de índole filosófico y existencial se han cruzado por tu mente, ¿Por qué he venido a este mundo?, ¿Por qué en este hogar o bajo estas o cuales circunstancias?, ¿Por qué en esta época? ¿Por qué yo soy yo y no otra persona?, ¿Por qué en este cuerpo y no otro? Este conjunto de preguntas, que pudiste o puedes haberte planteado, todas orientadas alrededor de la propia existencia humana, la libertad y la responsabilidad individual, las emociones, así como el significado de la vida, sostienen que la existencia precede a la esencia y que la realidad es posterior a tus pensamientos y la voluntad de la inteligencia.

Planteándote que el punto de partida del pensamiento debe ser el individuo y las experiencias subjetivas fenomenológicas del mismo, con ellas de alguna manera tratas de conseguir explicación a la angustia existencial que genera la aparente absurdidad del mundo. Inevitablemente los humanos pensamos en estas cuestiones, ya que la combinación del pensamiento moral y el pensamiento científico son insuficientes para ayudarnos a entender la existencia humana, por lo tanto, es necesario un conjunto adicional de categorías gobernadas por nuestra autenticidad.

Con mi experiencia puedo decirte que ese momento en el que descubrimos porqué hemos sido creados y puestos aquí, es mágico. No existe nada que te pueda separar de ello, se convierte en tu verdadero motor impulsor para perseguir tus sueños. Es tan profundo e íntimo que sientes una energía muy poderosa, porque eres movido por la pasión. Al descubrir cuál es ese designio, lo identificarás de inmediato, sentirás un infinito amor por todo, por la vida, la naturaleza, la humanidad entera, y no existirá fuerza que te pueda detener, pues no existe fuerza más poderosa que el amor.

El amor que sientes por hacer lo que disfrutas, lo que te llena, lo que siembras, lo que te da felicidad y te regala miles de millones de motivos para estar agradecido cada día. Amar a lo que te dedicas es una poderosa y efectiva herramienta que te llevará a reflejar y registrar tus aprendizajes y sus logros en todo el proceso de una manera adecuada, cosa que te motivará a continuar con tu desarrollo personal y mejora continua en cualquier ámbito: profesional, personal, espiritual, familiar, financiero, etc. Este proceso puede fomentar la reflexión profunda y los hábitos de aprendizaje a largo plazo que se centran en su desarrollo futuro.

Amar lo que haces fortalecerá el deseo y la decisión de convertirte en una persona ética y moral, lo que será tu emblema en todos los aspectos, esto se mantendrá continuamente y se impulsará cada vez más hacia el recorrido del éxito. Los grandes líderes, gerentes y empleados en todos los niveles de una organización han conseguido llegar a los distintos niveles de acuerdo, a la pasión que los movía, al amor por su trabajo o profesión, por el enamoramiento que demostraban en todo lo que hacían día tras día.

La capacidad de autoaprendizaje a lo largo de toda tu vida te ayudará a la organización, a obtener el beneficio de la eficacia y la eficiencia en el desempeño de tus actividades diarias, así como el desarrollo de diversas habilidades y competencias que irás adquiriendo naturalmente. De allí la importancia de que te conozcas, de que te entiendas e identifiques, luego de lograrlo no puedes permitir que ninguna limitante hurte tu verdadera pasión, porque eso que has descubierto es tuyo y de nadie más, por lo tanto, eres responsable de cumplir ese sueño que te va a llevar a ser grandioso a ser exitoso y a descubrir cuál es ese mapa que vas a diseñar en el tránsito de tu vida.

Solo basta con estar muy atento a todo lo que tu corazón te diga, la ley de la atracción se basa en que atraemos todo lo que pedimos, puedes tener la certeza, lo semejante atrae a lo semejante; en consecuencia, tu vida hoy es el resultado de lo que has atraído, y me preguntarás: Jennifer ¿y cómo es que he atraído lo que no quiero a mi vida?, pues lo has invocado cada vez que te centras exactamente en lo que no quieres, en vez de conocerte y redirigir tus pensamientos y palabras, a las cosas que sí quieres en tu vida. Es imposible que consigas el plan perfecto si estás pensando todo el día en las desgracias que ves en las noticias, en la pandemia, en la novela, en los problemas de todas las personas que te rodean, además de los propios.

Como te dije anteriormente, lo semejante atrae a lo semejante, y el asunto está en que no nos damos cuenta de que el universo no entiende de juegos, él solamente quiere cumplir todo lo que deseas, pero tus deseos son el resultado de la mayoría de tus pensamientos, los cuales se convierten en palabras (declaraciones) y de ahí a sentimientos y emociones. Cuando no tenemos la capacidad de siquiera controlar un pensamiento, ya que se ha desencadenado en palabras, y posteriormente en sentimientos, es mucho más difícil que no se materialice.

Cualquier proyecto, o simple actividad que deseas llevar a cabo, inicia con tus pensamientos. Mentalmente imaginas lo que deseas hacer, esquematizas dentro de tus pensamientos, aunque sea de manera somera, los pasos que vas seguir para cumplir con lo propuesto, luego eso te va llevando a desarrollar emociones, dependiendo del significado que tenga para ti el cometido. Esas emociones pueden ser de agrado, alegría, entusiasmo, amor, pasión, y un largo etc., o por el contrario, si el asunto no te encanta, posiblemente las emociones estarán en sus opuestos, cansancio, rabia, desánimo. Cualquiera que sea la emoción desarrollada, te llevará inminentemente a una acción, bien sea de ejecución o de procrastinación.

Si nos devolvemos, todo ha comenzado con un pensamiento. Supongamos este haya sido: "Que fastidio debo ir a hacer las compras al súper", imaginemos que nuestra meta o responsabilidad puntual es llenar la despensa de la cocina y el refrigerador, entonces con desánimo harás las compras o sencillamente alargarás la ida al súper o quizás no termines de hacer las compras, probablemente en la noche cuando no sepas qué preparar para la cena, por dejarte llevar por la flojera, desearás haber tenido el pensamiento contrario al comenzar con tu tarea. Es importante hacer el planteamiento de manera contraria: hoy me dispondré a hacer las compras en el súper, con la mejor actitud, para proveerme de alimentos a mí y a mi familia, los cuales nos enriquecerán, llenándonos de salud y vitalidad. La emoción que se desencadenará en tu pecho será de alegría, y culminarás tu objetivo con entusiasmo y éxito.

Bajo este sencillo ejemplo, quiero hacerte ver cómo cualquier proyecto en nuestras vidas comienza por los pensamientos, de esta manera comenzamos a atraer todo lo necesario para cumplir con ello. La ley de la atracción te acercará a lo que quieras atraer, si tus pensamientos y energía se focalizan en la negatividad, sentirás que todo es complicado, que las puertas se cierran, que las cosas no salen como lo esperas. Si por el contrario, centras tu energía en lo positivo, el universo te guiará hacia esa corriente, verás cómo todo fluirá, tus días y responsabilidades comenzarán a resultar satisfactorias y fluidas sin mayores complicaciones.

Haz la prueba comenzando por cosas sencillas, te darás cuenta cómo se despejan las vías, dejas de ser víctima de los atascos, comienzas a encontrar puestos de estacionamiento al lado de la entrada, o conseguirás el transporte público alivianado, te atenderán siempre de primero y de manera amable, en fin, se cruzarán en tu camino los eslabones perfectos para armar tu cadena de eventos maravillosos y llevar a cabo, cualquier meta que te propongas, desde simplemente llenar la alacena hasta cualquier proyecto ambicioso que tu corazón desee, la llave mágica está en el origen, tu forma de pensar.

Así comenzarás a accionar de la manera correcta y obtendrás los equivalentes físicos (materialización) de lo que comenzó con un pensamiento, tomando una forma perfecta, incluso mejor de lo que habías imaginado, pero no me creas todo este cuento, solo ponlo a prueba. Comienza con algo muy sencillo y ve creando proyectos más grandes en tu mente, poco a poco ve implementando este grandioso secreto en todos los aspectos de tu vida, pero asegúrate de hacerlo de manera perfecta, pronto y sin darte cuenta, reinará un imperio que no podrás creer. Si dedicas todo el día a pensar en lo que no quieres, atraerás más de eso que no quieres, no es lo mismo decir no tengo dinero o necesito dinero, a decir tengo buena fortuna, aunque no lo tengas en este momento, no puedes centrarte en el problema, sino en tu deseo.

Debes usar el universo a tu favor, para atraer todo lo que piensas y decretas. La creación de absolutamente todo lo que nos rodea fue el resultado de un primer pensamiento, para que Nikola Tesla y Thomas Alva Edison inventaran la corriente alterna y la corriente directa. Primero tuvieron que imaginárselo y pensarlo, para finalmente plasmar físicamente, sus deseos. Créeme que mientras trabajaban en ello no le daban fuerza a los problemas que pudieron encontrarse, pues hubiesen desistido en el intento y hoy no pudiéramos disfrutar de todas las cosas que necesitan electricidad para funcionar. Ellos se centraron en lo que deseaban materializar y centraron toda su energía en ello, sin nada de dudas para así lograr con éxito lo que en principio fue solo un pensamiento (un deseo).

No sé si la historia que te voy a contar me la vas a creer o no, pero si la crees es cierta y si no la crees también es cierta. Todo es energía, al menos como profesional de la química puedo recordarte algunas cosas de tu educación media. Dependiendo de las vibraciones de los electrones, los átomos se combinan de cierta forma para materializarse en un producto, una sustancia, un algo, una cosa, un cuerpo o un objeto. Quizás no puedas verlo, pero absolutamente todo lo presente en el universo (independientemente de su estado físico) está compuesto por millones de electrones y partículas subatómicas, vibrando a una determinada frecuencia. Lo que tú puedes observar, tocar y percibir, es el resultado de todos esos movimientos (vibraciones) entre los átomos, que le confieren las distintas propiedades y características a la materia, dicho de otro modo energía, ya que la energía es igual a movimiento.

Pensemos por un momento en una fuerza ya bien conocida y aceptada por la humanidad, la ley de la gravedad, estoy segura que cuando Newton intentó explicarla, no le fue fácil conseguir que sus observadores la entendieran, pues trató de dar a conocer un algo intangible e invisible, sin embargo, él tuvo la capacidad de ver más allá de su nariz, logró vencer el miedo que pudo sentir, de que lo señalaran y gracias a él, hoy por hoy no solo entendemos dicha ley, sino que gracias a su principio, y basándose en el mismo, se han podido crear infinidades de objetos y situaciones para mejorar nuestras vidas.

Pues bien, la ley de la gravedad es algo que no puedes tocar ni ver, pero si puedes entender que gracias a ella estás pegado al piso y no volando por doquier ¿correcto?, esta atracción es una fuerza (energía) que ejerce sobre tu cuerpo el centro del planeta tierra, que, aunque no lo sientas, el resultado de la fuerza de tu peso corporal es responsabilidad de ella y de su acción sobre ti. Tú crees en ella y puedes moverte sobre la tierra, dirigiéndote a donde quieras a través de ella.

A pesar de ser invisible existe, y te manejas bajo su principio, esta es una energía de atracción de cuerpos, entre el centro de la tierra y todo lo que esté a su alrededor, dependiendo de la distancia del cuerpo y su centro, este último podrá sentir una mayor o menor atracción, del mismo modo existe la ley de atracción universal, aunque no puedas verla ni tocarla, existe y si sabes aprovecharla a tu favor podrás disfrutar de su genialidad, esto puedes lograrlo controlando tus pensamientos, los cuales son energía, y según su frecuencia de vibración, atraerá hacia a ti lo mismo que estés pensado.

Si sitúas tus pensamientos en todo aquello que te preocupa de la vida y a lo que no quieres llegar, generas ondas de vibración bajo esas frecuencias, de modo que eso es lo que leerá el universo, eso es lo que entenderá y eso es lo que por ley de atracción te perseguirá. Deja de pensar en tus miedos, no pienses en que llegarás tarde o en que te puedes enfermar, que perderás dinero, en la muerte de alguien, en lo desdichada o desdichado que puedes llegar a ser, en ese viaje que aún no has realizado o en esa meta que no has alcanzado.

Comienza a transformar esos pensamientos hacia todo aquello que sí quieres, piensa en que se abrirán las puertas, en que siempre eres puntual, que consigues todo lo que deseas, que en tu cuerpo gobierna la salud, que nada puede detenerte, que eres bendecido y afortunado, en que todo cuanto deseas por gigante o ambicioso que sea lo vas a alcanzar, verás cómo las puertas, de manera casi mágica, se comienzan a abrir ante tus ojos, ni imaginarás los medios, es que no debe ni preocuparte. Tú simplemente eres el vehículo y las carreteras las construye el universo para ti, pero todo dependerá de tus deseos (tus pensamientos constantes), es decir la energía que emites a cada segundo con tu mente, no importa si es de manera consciente o inconsciente sencillamente, tus pensamientos crean tu realidad.

De este modo te he tratado de mostrar que la ley de la atracción es verídica, todo absolutamente todo es energía, incluso las palabras que emites son el resultado de los movimientos de tus cuerdas vocales, tus palabras son energía, y ese es exactamente el idioma del universo, si tu energía se centra en las cosas que no deseas, en tus problemas y calamidades, entonces tu frecuencia es muy baja y así lo entiende el universo, como resultado te traerá más problemas y calamidades, porque no estás vibrando en la frecuencia de la solución a tus problemas, que es la correcta para que el universo entienda qué es lo que quieres, enviándote así las circunstancias y herramientas para que consigas lo que deseas y las soluciones a tus inconvenientes.

Si tienes algún dolor inevitablemente tu pensamiento se va a ese lugar del cuerpo, pensando constantemente en el molesto dolor, y es ahí donde debes ser muy cuidadoso, tener la fuerza dominante para redireccionar ese pensamiento a lo que deseas, que obviamente no es el dolor sino la cura de este, entonces tus pensamientos y palabras deben vibrar bajo la frecuencia de la sanidad y del bienestar, en vez de pensar: "qué dolor de espalda tengo". Piensa y decreta tengo una espalda perfecta, en posición erguida, de manera correcta, me provee estabilidad, protege y resguarda mi columna. ¿Qué diferencia no?

Aunque, si por algún descuido comienzan a aparecer los pensamientos no deseados, tengo una buena noticia para ti, y nuevamente la forma de explicártelo será dándote otro pequeño recordatorio de las clases de química de 3ero. de bachillerato, cuando en tu salón de clases te hablaban sobre los estados de la materia, gaseoso, líquido y sólido y la transformación de un estado en otro ¿lo recuerdas?, condensación, evaporación, congelación (solidificación), sublimación. Todos estos cambios son permitidos, una vez más, gracias a la cantidad de energía que se les confiere a los átomos de la materia, lo que puede ser en forma de calor o retiro del mismo. Así pues, podemos dar más energía (movimiento de electrones) a los átomos que componen al agua y poder transformar un cubo de hielo en agua líquida, y si conferimos más calor la convertiremos en vapor de agua (evaporación).

Lo que esto quiere decir es que, si estás muy atento a tus pensamientos, podrás dominarlos y cambiar rápidamente la frecuencia en la que estás vibrando, así podrás manifestar realmente lo que quieres del universo, bajo la frecuencia correcta y de manera automática comenzará a fluir y actuar la ley de la atracción, manifestándose todo aquello que se encuentra vibrando en tu misma longitud de onda.

Nunca escuchaste "Dios los cría y ellos se juntan", bueno tal cual, si irradias alegría lo más probable es que las personas que estén a tu alrededor te respondan con el mismo sentimiento, pero si irradias hostilidad tendrás una nube negra sobre ti donde atraerás pleitos y discusiones por doquier. En conclusión, todos tus pensamientos se pueden convertir en realidad pasando a los sentimientos, emociones y finalmente a la acción, por eso insisto en que la responsabilidad de estar donde estás hoy es tuya y solo tuya. Tú has decidido no controlar tus pensamientos, has escogido qué información enviarle al universo según tu frecuencia vibracional y tal cual, como el genio de la lámpara, ha concedido todos tus deseos. No olvides que el universo no entiende de juegos.

La causa de lo que vives hoy, ha sido sencillamente tu forma de pensar en el pasado, la buena noticia es que todo lo podemos cambiar, y te lo enseñaron tus profes de química, pero seguramente dijiste y para qué demonios me va a servir esto, pues ya ves, te ha funcionado en cada pensamiento que has tenido desde el día de tu nacimiento. Por lo tanto, dependiendo de la energía que tengan tus pensamientos (frecuencia de los pensamientos) podrás transformar tu realidad (materialización de todos tus deseos).

En ningún momento dejes de creer, llegará el día en que comenzarás a cosechar todo eso que con fe sembraste en tu jardín, la fe es elástica, extiéndela hasta el fin de su manifestación, ten la seguridad de que antes de desear ya se te ha cumplido, antes de preguntar ya estaba escrita la respuesta, ya que la provisión divina antecede al deseo.

La esperanza ve con optimismo hacia el futuro, por el contrario, la fe sabe que ya ha obtenido y actúa en consecuencia. Conviértete entonces en una persona de fe inquebrantable, no importa lo que tus ojos y entendimiento humano estén percibiendo, nuestros sentidos humanos son limitados y no tienen la capacidad de entender las formas en las que Dios actúa, Él escribe recto en líneas curvas, y siempre obra por nuestro bien y felicidad, así que nunca más dudes de que todo lo que sucede es lo mejor y ocurre de manera perfecta bajo los designios divinos del creador.

Cuando comiences a vivir de tus pensamientos e imaginación, no de tu pasado y recuerdos, te darás cuenta de que todas las cosas se crean dos veces, la primera vez en la mente y la segunda vez en la realidad. Atrévete a desempolvar tus sueños y comienza a imaginarlos constantemente, despierta al poder que tiene tu mente y comienza a amar la vida y sus maravillas, todo cuanto te propongas puedes lograrlo, solo ábrete a la posibilidad de que el universo te otorgue todo lo que deseas.

Malaquías 3:10 "Derramo sobre ustedes una bendición que no tendrán lugar para guardarla"

Sumario
Recibiendo los Regalos de la Divinidad

Debes tener la certeza, al menos en algún lugar muy profundo de tu ser, de que has venido a este universo por una razón, que nada ocurre por casualidad y que todo tiene un motivo y un propósito.

Existe un único lugar en este planeta que debe ser ocupado por ti y por nada ni nadie más, ese momento mágico en el cual descubres tu designio divino y logras tomar acción para llevar a cabo ese deseo de tu auténtico ser, es el momento perfecto: has logrado transcender muchas limitaciones. En él arrancaste todas las caretas y disfraces que te escondían, adornaban y maquillaban para ser real, primero contigo mismo y por ende con la humanidad entera.

El universo está a la espera de ese momento mágico, en el que logras la conexión en la frecuencia correcta, para que él pueda entender perfectamente lo que deseas y así crear todo tu camino, abrir todas las puertas, mover las fichas, personas y escenarios adecuados para que, con el cumplimiento de la primera ley universal, la ley de la atracción, lleguen a ti todas las circunstancias idóneas para que se cumpla tu plan perfecto.

Todo eso será el resultado de tu autoconocimiento, del alcance a un nivel consciente, en el que se logra el dominio de todo aquello controlable verdaderamente por ti, es decir, tus pensamientos, emociones, reacciones y decisiones, actos y virtudes que debes poner en práctica las 24 horas del día los 365 días del año.

Así como ya es bien conocido, muchas personas de renombre, inventores, multimillonarios, religiosos que han logrado mover masas, entre otras figuras de majestuosa importancia, alcanzaron a hacerlo al descubrir su plan perfecto, gracias a la combinación equilibrada: mente - alma – cuerpo.

Dios colocó tu alma

Nunca dudes de ningún llamado de tu corazón, así es como se presentan los regalos de la divinidad, de manera extraña, inesperada y con una fuerza e intensidad indescriptible. Esos llamados son casi mágicos, aparecen de la nada y en el momento menos esperado, es como si no pudieras entender esas ganas de hacer algo que viene desde lo más profundo de tu ser, llevándote a sentir emoción, ilusión, te trasmite unas ganas infinitas de vivir y sea lo que sea que se te ocurre nunca sientes ni una pizca de miedo.

Quiero compartir contigo una hermosa historia de esas que llamo regalos de la divinidad, seguramente conozcas al protagonista de esta historia, pues se trata de un mexicano (Culichi), César Felipe Millán Favela, nacido en Culiacán, Sinaloa, el 27 de agosto de 1969, mejor conocido como César Millán, el encantador de perros, además coautor de los libros: *El camino de César, Sé el líder de la manada* y *Un miembro de la familia.*

Su historia inicia a la temprana edad de 13 años, en la que, rodeado de perros gracias a su abuelo, quien tenía un rancho donde habían muchos, aprendió a conocerlos, y a través de la observación aprendió de su abuelo como comunicarse y tratar con los canes de manera efectiva, aprendió el lenguaje de los peludos, sin necesidad de humanizarlos, por el contrario, entendiendo sus necesidades y manera de comunicación. Así poco a poco se fue enamorando, hasta entender que esa era su pasión, su sueño era entrenar perros.

En un principio pensó que debía irse a los Estados Unidos para aprender de los mejores entrenadores de Norteamérica, y a la pronta edad de 13 años le dijo a su mamá que ese era su sueño y que quería irse a los Estados Unidos. La respuesta fue: "Tú puedes hacer todo lo que quieras". Esas palabras lo llenaron de confianza y si bien no partió a su viaje a esa edad, si lo hizo a los 21 años, pero no creas que con dinero y muchas comodidades, para nada. Un 23 de diciembre se despertó con una corazonada que le decía debes irte hoy a los Estados Unidos tras tu sueño, y así lo hizo, sin miedo, sin conocimientos, sin dominar el inglés y sin más dinero que 100$ obsequiados por su padre y otros pocos más que tenía ahorrados del resultado de algunos trabajos que hacía, pues menciona que desde pequeño había trabajado.

Como si fuera poco, en esos tiempos la manera de cruzar de México a los Estados Unidos para las personas de pocos recursos era por el hoyo (así denominan la forma de cruzar la frontera ilegalmente), de este modo emprendió su viaje. Tomó un bus tres estrellas hasta Tijuana, ahí estuvo dos semanas intentando pasar la frontera, pero no era nada fácil, en más de una oportunidad, confiesa, que se dejó atrapar por la migra (los agentes policiales de la frontera) para que le dieran de comer (un sándwich y un refresco) luego lo soltaban, ya que no tenía nada de dinero y no quería gastar los 100$ que le había dado su padre. Él sentía que ese dinero era para otra cosa, hasta que un día un coyote (personas que cobran a los ilegales que quieren cruzar ayudándolos a llegar a los Estados Unidos) le ofreció cruzarlo por la cantidad de 100$, en ese instante dijo ¡Bingo!! Para eso eran realmente los 100$.

Luego de una larga faena logró llegar a los Estados Unidos, al estado de California, Los Ángeles, ciudad en la que vivió en las calles por más de 3 meses, durmió debajo de puentes, por esos días su meta era hacer a través de cualquier trabajo, 0,99$ al día, ya que con eso podía comerse dos hot dogs en el establecimiento

Seven Eleven. Para ello la primera frase que aprendió antes de un saludo fue: ¿Do you have an aplication for work? (¿Tienes una solicitud de trabajo?).

A la vez comenzó a hacer lo que su corazón le había encaminado al dirigirse hasta ese lugar: cuidar perros, iba de casa en casa ofreciendo pasear los perros de las personas. Para ese momento era algo extraño, sin embargo, varios vecinos de la zona accedían y así llegó a pasear al mismo tiempo a más de 40 perros, cabe destacar que lo hacía sin correa, todos al mismo tiempo, en su relato bromea afirmando que desconocía que pasear perros sin correa no estaba permitido y acarreaba una multa de 300$ por perro, sin embargo, él lo hacía sin mayor complicación, gracias a lo que él llama la confianza ganada por los canes, una vez que les muestras respeto. Esto lo hacía sin cobrar nada a cambio.

Así comenzó a ser conocido. Más adelante obtuvo un trabajo en un autolavado donde tenían perros, él los aprovechaba para que lo ayudaran, los entrenaba para que cargaran las cubetas de agua o le pasaran cualquier herramienta, paso a paso fue agarrando fama, hasta que celebridades de Los Ángeles y Beverly Hills, lo contrataban para que los ayudara con sus perros de raza grandes, como rottweilers y pitbulls.

Comenzó a sonar su nombre y peculiar forma de entrenar a los perros, a tal punto que programas de noticias y acontecimientos, conocidos entre los hispanos de Norteamérica como al Rojo Vivo, llegaron hasta donde estaba para entrevistarlo. En una de sus entrevistas él comentó que su sueño era tener un programa de televisión dónde mostrar al mundo cómo rehabilitar perros y entrenar personas, pues al día siguiente varias empresas de entretenimiento televisivo estaban detrás de él buscándolo para hacerle propuestas.

Con esta sorprendente y hermosa historia, quiero mostrarte cómo César Millán jamás tuvo miedo, respondió fielmente al llamado de su corazón, independientemente de todo lo que iba a enfrentar, el siguió su corazón, y logró obtener los regalos de la divinidad. Su filosofía se basa en la fe en Dios, dice que las mejores ideas y las respuestas a sus preguntas más complejas las ha conseguido después de rezar, meditar y conectarse con la naturaleza. Dice que ahí es donde ha descubierto la calma, la confianza, el amor y la felicidad, conceptos espirituales que para él son las bases del emprendimiento intangible.

A través de esta maravillosa historia, no quiero llevarte a ningún límite sin razonamiento, ni te invito a alejarte de la realidad de manera irresponsable, solo te hago un llamado de confianza en ti, en tu intuición y en esas corazonadas que te llevan a tu autenticidad, a tu esencia y que se traducen en tu verdadera felicidad. Confía en ti, pues eres un ser magnífico, creado y puesto en este mundo para cumplir un sueño específico que solo tú puedes cumplir, nadie más puede suplantarte, así como tú no podrás suplantar el de alguien más.

Los regalos y secretos de la divinidad vienen cubiertos y decorados con el papel de la autoconfianza y la atención total, puesta es nuestra verdadera identidad, recuerda que tú eres el autor de tu propia historia, y te corresponde determinar la perspectiva. Tu historia puede ser un viaje de aventura en búsqueda de la plena felicidad si así lo decides. Confía en la vida, la confianza es el principal elemento de un estado feliz del ser, una vez que confías de verdad en ti mismo y en quienes te aman la vida se vuelve mucho más fácil y las ansiedades cotidianas por el futuro se desvanecen, así estarás en disposición, libertad y totalmente preparado para recibir y compartir toda la abundancia y bendiciones que la divinidad, el universo, el creador, o sencillamente Dios, tienen preparados para ti. No habrá temor de lo que podría ocurrir en el futuro, porque sabrás que vas a contar con la abundancia infinita y la prosperidad inagotable que se ha preparado para ti, antes de tu venida al mundo. Déjate sorprender por la vida y por Dios, sueña, cree, visualiza, afirma y disfruta, ¡Bienvenido al viaje de la eterna felicidad!

Toma ahora tu libro de notas, viaja por tus recuerdos y utiliza el poder de la memoria, busca y rebusca en lo más profundo de tus pensamientos, trae a las hojas de tu agenda ese milagro, o regalo de Dios, del Universo, de la Divinidad (como prefieras y sientas más cómodo llamarlo), aprovéchate de los detalles, trata de recrear el momento como si lo estuvieras viviendo ahora, activa las células sensoriales de todo tu cuerpo, usa el olfato, vista, tacto, oído y hasta el gusto para traer a la actualidad ese maravilloso recuerdo, donde de manera mágica e inexplicable Dios te concedió un milagro, un regalo, quizá en la solución de un problema, en la salida de un aprieto, o en la aparición de un trabajo o una oportunidad muy anhelada.

Ahora repite tres veces: gracias, gracias y gracias. Siente el agradecimiento en el plexo solar, en el centro de tu pecho, ahí donde Dios colocó tu alma.

CAPÍTULO 4

"El talento gana partidos, pero el trabajo en equipo
y la inteligencia gana campeonatos".
MICHAEL JORDAN

Tu Núcleo y la Felicidad

Pensar que estás solo en el universo y que eres autosuficiente, más que un pensamiento egoísta, me parece deprimente, nada más lejos de la realidad. Qué equivocadas están esas personas que aseguran no necesitar jamás a alguien, que con su soledad son las más felices. Soy partidaria y practicante de la convivencia con nosotros mismos, entiendo que es necesario tener momentos de privacidad en el día, ese momento de intimidad donde reflexionas, creas, agradeces, concluyes, diferencias; yo lo practico a diario, a primera hora de la mañana me regalo ese momento para mí, para acicalarme haciendo lo que me gusta, entreno, medito, hago mi lista de decretos y agradecimientos, es un momento mágico, donde se recargan mis energías, pero solo eso, 3 horas máximo. Sin embargo, no concibo una vida en solitario por completo, sería muy triste no poder contar con alguien que realmente te ame en los momentos que más lo necesitas, en momentos especiales como Navidad, tu cumpleaños, o sencillamente todos los días, compartir con alguien más, las cosas maravillosas que te regala la vida.

Claro que es importante aprender a amar el silencio de tu presencia, de lo contrario intentarás llenarlo con cosas vacías, redes sociales, TV, comida y vicios. Saca el mayor provecho a tu soledad para conectarte, amarte, identificarte y conocerte mejor, de esa manera podrás darles más a tus seres queridos. Nunca trates de callar tu voz interna, y siempre escucha tu silencio. Sin embargo, tu relación con los otros es imprescindible.

Te invito también a descubrir lo maravilloso de compartir metas, sueños ilusiones, con personas amadas, nada como un abrazo, unos buenos días, una película en común, disfrutar en comunión con tus seres especiales, llenarlos de felicidad y de amor, es un gran alimento para el alma.

Si por el contrario, prefieres estar solo siempre, lo respeto completamente pero no lo comparto, probablemente estarás de acuerdo conmigo en que de vez en cuando se necesita a alguien para contarle tus cosas, para alentarte. En mi caso no solo me gusta vivir en pareja por todas las bendiciones que siento trae a mi vida como mujer, sino además la necesidad humana de tener a alguien para apoyar y convertirte en su confidente, amigo, socio de vida, me encanta el hecho de estar ahí para mi esposo, ambos con la certeza de que no importa el acontecimiento ni la situación o circunstancia, siempre estaremos ahí el uno para el otro.

Estoy segura de que si no tienes una pareja, al menos existe una persona sobre la tierra a quien le confías todo y con quien te sientes en paz completa, pueden ser alguno de tus padres, un hermano, familiar, mejor amigo o tu mascota (cosa que me pasa a mí).

En mi caso, mi núcleo está definido por mi esposo, mis hijos de 4 patas y mis padres, son esos seres que he nombrado, el obsequio más preciado de Dios para Jennifer, los que me acompañarán en el viaje de las dimensiones necesarias para la evolución completa de mi alma.

Si no existe un equilibrio en todos los aspectos de tu vida, jamás podrás percibir el concepto de felicidad a sus anchas y en su total expresión, de lo contrario siempre tendrás una carga en tu mente de que algo no está bien y eso no te dejará disfrutar al máximo cada uno de tus días. Mi finalidad con estas letras es mostrarte un poco cómo puedes diseñar una vida genial, no solo donde te encuentres ahorita, resignándote a que esa es tu realidad y ya, sino también te invito a que te descubras y con lo que eres hoy llegar a donde quieres estar mañana, para ello nada mejor que tener un núcleo que te anime, te apoye y acompañe en esos logros, donde a su vez tú acompañes a esos integrantes de tu equipo a llegar a donde ellos también quieren llegar, a esta dinámica la llamo evolución espiritual en el plano o dimensión humana.

Creo firmemente en la familia y soy su defensora, creo que la humanidad debe arraigar su concepto, defenderlo y proteger a su familia como una leona defiende a sus crías, de ese núcleo es de donde proviene la mayor cantidad de valores, que nos convierten en seres humanos más perfectos, más sensibles, respetuosos y amorosos, virtudes de las que carece la sociedad en estos tiempos, para ser mejores personas. Es en la familia donde se siembran todos los valores que, llevados de manera correcta, sacarán siempre lo mejor de cada individuo, resultando así en una sociedad más sana, feliz, amorosa, cordial, empática y respetuosa. Quiero aclarar que con valores me refiero a principios que te lleven a ser una mejor persona para la convivencia dentro de la sociedad, mas no a paradigmas y creencias absurdas impuestas por algunos padres, que finalmente se convierten en limitaciones.

Así como anteriormente identificaste a aquellas personas que te restan, es importante ahora que identifiques a las que te suman, te inspiran a perseguir tus sueños, a darlo todo y nunca darte por vencido, con tu felicidad ellos sentirán orgullo y la alegría será compartida, esto sin duda te brindará satisfacción, entusiasmo y te alentará para seguir siempre adelante. Por otro lado, también serán tus mejores críticos, con amor las críticas constructivas son más fáciles de tomar en cuenta y de implementarlas para anclar tus fortalezas y virtudes, desechando tus debilidades y deficiencias.

Otros seres que pueden ser parte de tu núcleo son las mascotas, si has tenido una me entenderás perfectamente, si no la has tenido, pero te gustan, no pierdas más el tiempo de experimentar una de las experiencias más mágica y gratificante en el mundo. La conexión entre los animales y los seres humanos es lo que llamo energía pura, no es necesario el vocabulario para la comunicación, esta sin duda en la mayoría de los casos resulta más efectiva que entre los propios humanos. El simple hecho de una mirada, un movimiento, un mínimo sonido, una respiración o una caricia, puede hacerte entender perfectamente qué quiere tu mascota o viceversa, ellos pueden entender qué necesitas y créeme cuando la conexión con tu mascota es perfecta, no tardará ni un segundo en leerte y hacer caso a tu solicitud, no tuviste ni que mencionar una palabra, cuando de pronto está ahí, ese ser único complaciéndote y proporcionándote el confort adecuado para tu necesidad.

Nuestros compañeros de vida, tienen la capacidad de sentir al igual que los seres humanos, eso les da un valor intrínseco y sobre todo un derecho común, es el derecho a no ser torturado o sometido a un dolor innecesario. Por eso, es tan importante la alfabetización emocional para percibir a los animales como seres sintientes, es una asignatura pendiente relacionada con la ética animal que nos toca reflexionar como humanos. Esto implica un cambio cognitivo y emocional para promover el bienestar animal tanto para los seres que habitan en nuestras casas, como para aquellos que lamentablemente deambulan por las calles buscando refugio físico y emocional.

Te invito a preguntarte en este momento, ¿cómo sientes la naturaleza? ¿La sientes parte de lo que somos o simplemente la sientes como un objeto, conformada por seres inanimados que no le pertenecen al ser humano? Definitivamente, el encuentro entre los seres humanos y la naturaleza es para mí de vital importancia, porque aflora la sensibilidad, te acerca a tus raíces, y sin duda siempre sacará la versión más bonita de tu ser.

Proponte buscar tu núcleo, así te darás cuenta que vivir en familia es uno de los regalos más hermosos de la creación. Y para eso, es fundamental, comenzar a vivir en equilibrio con todas las formas de existencia, cultivar la armonía de saber vivir, porque las prácticas cotidianas son finalmente las cosechas de lo que decimos, sentimos, hacemos, pensamos y creemos.

En las prácticas de mis mañanas milagrosas, en el momento de los agradecimientos, siempre de manera natural reconozco y siento en mi cuerpo el agradecimiento infinito de haber encontrado un pedazo de la felicidad en la convivencia con mis mascotas, mientras escribo este, ahora también tu libro, ha llegado a mí un nuevo milagrito, un obsequio de un preciado amigo de mi persona y mi esposo, un hermoso Bulldog Francés, a quien hemos bautizado Spike Napoleón, este pequeñito, indefenso y muy diferente perrito a mis hijos anteriores, ha llegado en el momento perfecto para enseñarnos nuevas lecciones que desde el día uno comencé a identificar.

Ahora la casa está más llena, con más ruido y movimiento diario, este pequeñín ha venido indudablemente a revolucionar la vida de todos acá, incluso la de sus hermanos mayores Aquiles y Kihara, quienes después de tanto tiempo no habían tenido motivos para jugar y jadear cada día, es un pequeño travieso y demandante, a diferencia de mis amados rottweilers, es un cachorro muy mimado y agrego bastante malcriado, los rottweilers a diferencia son muy independientes, muy cariñosos sí, pero son ellos, pueden dormir solos, y distraerse solos desde pequeños, mientras que este chiquito es diferente, pide ser cargado, dormir con nosotros, incluso solicita que se le dé la comida desde la mano, si pudieran verlo, como con su lenguaje podemos entenderlo a la perfección, sin hablar es increíble cómo puede hacernos saber exactamente qué desea o necesita.

A esto me refiero con conectarnos con la naturaleza, valorar cada uno de esos detalles diarios, por pequeños que sean y quizás para algunos insignificantes, son las más grandes lecciones que la vida trae para nosotros en su paso. Vivir el aquí y el ahora, disfrutar cada instante con tus seres queridos a esos que yo llamo mi núcleo, y lograr conectar todo esto con la felicidad, se traduce en una vida plena y afortunada, alegrarte por la paz, el bienestar y la sonrisa de los tuyos, es invaluable.

Lograr conectar de manera eficiente, sana y equilibrada con los miembros de tu familia, de tus compañeros de vida, con aquellos que convives día a día, es lo más gratificante y a la vez productivo que podrás alcanzar, cuando en casa todo está bien, en paz y tranquilidad, en perfecta balanza, todo comienza mágicamente a fluir, surgen milagros, sencillos momentos maravillosos constantes, que te llevan a valorar cada día más, y con ellos siempre te hacen sacar lo mejor de ti.

Más en estos tiempos donde el COVID nos ha venido a enseñar tantas cosas, no solo a darle prioridad a nuestra salud y cuidado constante, sino también a nuestras familias, a esas personas tan importantes de nuestras vidas, aprender a amarlos, respetarlos, aceptarlos y valorarlos tal y como son, pues esas características y personalidades algo te deben dejar, pues no es casualidad que sean justamente ellos con quienes caminas por este sendero llamado vida.

Ámalos, no solo díselos cada vez que tengas oportunidad, ve más allá hazles sentir cuanto los amas, ten detalles, no tiene que ser algo material que acarree un gran gasto, una sencilla nota debajo de la puerta del baño, una caricia mientras duermen, la bendición cada vez que salgan o lleguen a casa. Recuerda que el tiempo es lo más valioso que verdaderamente tenemos, y no sabemos cuánto más de este tesoro vamos a tener entre nuestros dedos, así que aprovéchalo al máximo en amar y hacerle saber a los tuyos que es así.

No esperes para después, no sabes cuándo pueda ser demasiado tarde, disfruta con tus hijos, juega con ellos, comparte con tus padres, abuelos y demás familiares.

Definitivamente el encuentro y equilibrio entre los seres de mi núcleo, la naturaleza y Dios, es para mí de vital importancia, aflora mi sensibilidad, me acerca a mis raíces, y sin duda siempre saca la versión más bonita de mi ser.

Proponte a buscar tu núcleo, te darás cuenta, vivir en familia, es uno de los regalos más hermosos de la creación.

Sumario
Integrando tu Núcleo y la Felicidad

Vivir una vida en soledad total, aislado del mundo, es tan triste como vivir sumidos ciegamente y sin parámetros en el vaivén de la rutina diaria, en la bulla de la multitud.

Pues la vida al final se trata de equilibrios en todos los aspectos, tener una vida exitosa implica también apoyarnos en aquellas personas que sacan en todo momento lo mejor de tu ser.

Tener seres esenciales que nos recuerden a cada segundo que la vida es maravillosa y es el regalo más hermoso que tenemos como seres espirituales que somos, definitivamente es una gran bendición.

Así como te señalo que identifiques esas personas discordantes con tu nivel de vibración, o el que quieras alcanzar, también es importante reconocer a ese núcleo en el que encuentras reconfortarte cuando te sientas un poco agobiado, pues somos humanos y puede ocurrir, por eso es tan importante tener esos apoyos que puedan alentarte, animarte y recordarte siempre el norte para que no desfallezcas con las adversidades que se te puedan presentar en el camino. Estas personas que sirven de apoyo pueden ser tus familiares, pareja, mentores o hasta mascotas, en mi caso lo son.

Enraíza tu ser en tus antepasados y en tus seres queridos

Elabora un árbol genealógico, anota las orientaciones y la sabiduría que recuerdes de quienes precedieron tu existencia, si no los conociste, de seguro escuchaste historias acerca de ellos. Anota qué anécdota, cuento o historia llamó más tu atención, qué te marcó y qué aprendiste de ellos, identifica estas vivencias con algo de tu vida, si en algo te ayudaron esas experiencias previas reconócelo y agradécelo.

Elabora un epistolario familiar, escribe una carta a cada miembro de la familia al que quisieras decirle todo lo que sientes por él, lo que le agradeces y exprésale cuánto le amas. Si es de tu agrado atrévete a entregarle a cada uno su carta, lo agradecerán y valorarán enormemente.

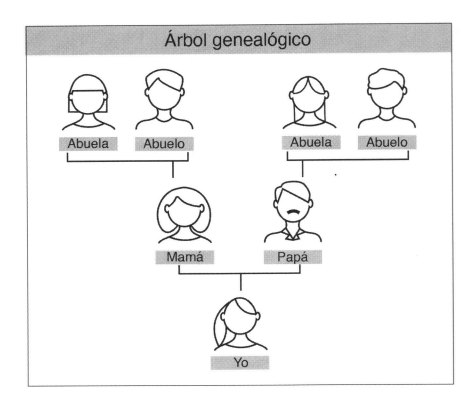

CAPÍTULO 5

"Los árboles meditan en invierno, gracias a ello florecen
en primavera, dan sombra y frutos en verano
y se despojan de lo superfluo en otoño"
PROVERVIO ZEN

Desarrollo Personal

Primero hay que ser para poder hacer, no puedes pretender tener primero un *Maserati* si no sabes conducir, primero debemos sembrar para luego cosechar, así lo enseña la naturaleza, es la manera más orgánica de avanzar con éxito en cualquier proyecto por pequeño que sea.

Imagina que tu intelecto y mente son un jardín, puedes elegir qué semilla plantar, puedes plantar semillas de positividad, amor y abundancia, o por el contrario de negatividad, miedo y vergüenza. Puedes pasar tiempo tratando de cuidar tu jardín de todos los demás. También puedes trabajar para embellecerlo, dependiendo de lo que decidas sembrar serán los frutos que luego cosecharás. Por mi parte te aconsejo que te preocupes por obtener inteligencia emocional, es la base para que todo esté en orden dentro de ti y así poder estar en orden con el mundo que te rodea.

Inevitablemente nuestro mundo exterior es el resultado exacto de nuestro universo interior, primero se crea en la mente y luego se hace realidad en el plano físico, con esto me refiero tanto a nuestra apariencia como a la vida que nos hemos creado, profesión, oficio, hábitos, costumbres, hobbies, amigos, familia, hogar, finanzas, éxitos, logros, así como también los aspectos discordantes de tu vida, pérdidas materiales, desgracias, derrotas, metas abandonadas, pleitos, tristezas.

Una mente sana, desencadena en pensamientos sanos y positivos, emociones sanas, espíritu sano y finalmente una vida externa sana.

Estoy segura de que incontables veces has escuchado sobre personas pobres que ganan la lotería en grandes cantidades de dinero y no ha pasado mucho tiempo cuando nuevamente caen en bancarrota, esto ocurre sencillamente porque si no tienen preparación, en este caso financiera, no sabrán manejar la gran cantidad de dinero que han deseado siempre, logran conseguirlo gracias a la obra del universo en ellos y finalmente vuelven a perderlo todo por el mal manejo. No cabe duda entonces de que primero debes Ser para poder Hacer.

Pienso que la felicidad está relacionada indiscutiblemente con un estado de equilibrio perfecto en todos y cada uno de los aspectos de la vida, de nada sirve conseguir éxito en el ámbito laboral, pero llevarte de los mil demonios con tus compañeros de trabajo, porque no sabes controlar tu carácter, o tener muchísimo dinero, pero estar totalmente solo en tu vida porque nadie soporta tu mal genio, o matarte trabajando colocando toda tu energía en ello y abandonas a tu familia en casa, tapando tu ausencia con regalos y muchas provisiones.

La energía en la que vibramos debemos equilibrarla, sé que en muchas ocasiones ocurrirán situaciones en las que como humano te sacarán de tus casillas, y controlar alguna reacción es complicado, y es justamente ahí donde debes emplear esa inteligencia emocional, la cual se fortalece a través del desarrollo personal, invierte tiempo en tu crecimiento como ser humano, insiste en dedicar tiempo a diario a leer libros que aumenten tu sensibilidad, tu empatía y trata de emplear cada aprendizaje a tu vida cotidiana. Convivir en sociedad es una ardua tarea pues cada cabeza es un mundo y nadie es dueño de la verdad, dependiendo de la perspectiva todos siempre tenemos algo de razón, por eso es tan común disputas y diferencias en la forma de pensar, solucionar problemas, puntos de vistas sobre algún tema, entre las personas, de allí la importacia de aprender a escuchar.

Estoy segura de que podías haberte ahorrado millones de problemas y malentendidos, si hubieses escogido escuchar a la contraparte, analizar un poco su punto, aplicar algo de empatía y buscar una solución ganar-ganar.

Es interesante la afirmación de Ismael Cala respecto al poder de la escucha; él define el escuchar como un arte, a veces estamos tan empeñados en dar a conocer nuestra versión e historias de las cosas que no le damos la oportunidad al otro de expresarse, y si lo hacemos no tenemos la delicadeza de prestar el 100% de nuestra atención para entender qué nos quieren transmitir.

Solo en el silencio, no solo verbal, sino también mental es que podremos comenzar a escuchar realmente. Siempre he dicho: mucho otorga el que poco habla, es de sabios callar, observar, analizar, pensar y luego hablar o actuar bajo cualquier circunstancia. En muchos casos nos dejamos llevar por la terquedad de nuestra mente, de no guardar silencio, y por ello tomamos malas decisiones. Debes lograr dominar tu mente, no puedes ser esclavo de ella. Detente, respira y frena la lluvia de pensamientos, sobre todo, en una mala situación con un tercero, sí lo sé es muy difícil, pero debes ser más inteligente que la situación en sí.

Hagamos un ejercicio, recuerda una situación que haya terminado en desastre, no tiene que ser con otra persona, incluso puede ser contigo mismo, por ejemplo, te propusiste a cambiar tu alimentación y has decidido comer más sano, probablemente los primero cinco días cumpliste a cabalidad tus objetivos alimenticios, pero al sexto, después de tan gran faena, te pesas y ves en la báscula que has bajado solo 300 gramos, te desesperas porque quisiste haber bajado 500 gramos o más, te cuestionas diciendo, pero no entiendo si todo lo hice a la perfección, cómo es posible que no logré bajar más, te desaminas, y automáticamente dices no, yo no sirvo para esto, vas a la despensa, ahora con hambre y además frustrado y te das un atracón con cualquier cosa que encuentres ahí, finalmente te cae mal lo que te comiste, por la velocidad en que lo hiciste. Te comienza el remordimiento de conciencia por el montón de calorías vacías consumidas, agravándose más tu frustración y decepción.

Retomemos el ejemplo desde otra perspectiva: imagina que al montarte en la balanza ves que en efecto solo perdiste 300 gramos, no estás del todo contento porque tu esperabas tus 500 gramos menos. De igual forma aparece un poco la decepción, pero, te detienes y piensas, bien no logré la meta en estos cinco días pues es lógico, el daño que le he hecho a mi cuerpo y metabolismo durante los últimos 15 años de mi vida (por decir una cifra, capaz es más) no puedo pretender revertirlos en apenas cinco días —no te engañes— sin embargo, mi cuerpo ha respondido y se ha despojado de 300 gramos que no son malos para un comienzo, así que continuaré hasta alcanzar mi objetivo.

Qué diferencia, en vez de rendirte de una vez, basta con frenar un poco la mente y por ende las emociones que van desarrollando esos pensamientos, tomaste una mejor decisión, créeme que 15 días después cuando vuelvas a pesarte y veas que has logrado bajar 2 kilos o más te vas a sentir orgulloso, te animarás y continuarás.

Así sucedería si en cada instante nos detuviéramos para analizar un poco cada situación y poder escoger la mejor solución, como ya te he mencionado anteriormente se trata de decisiones. Basta con pensar un poco, en silencio mental, para poder escoger la mejor vía.

Toda persona que descubre su designio divino, que le encuentra un por qué y para qué de su presencia en este planeta y persigue ese sueño, primero debe pulir muy bien muchas virtudes, que todos tenemos, pero es necesario recordarlas a diario. Todo aquel que tenga una meta definida, debe estar lleno de valentía, paciencia, perseverancia, disciplina, optimismo, amor, lucidez, astucia, inteligencia, equilibrio emocional, empatía, fortaleza y sobre todo pasión. Es la manera en la que podrás identificar perfectamente qué es lo que verdaderamente te hace feliz, es decir, el motivo por el cual estás en este mundo. Cuando puedas comenzar a aplicar de manera natural en cada aspecto de tu vida las virtudes que te nombré anteriormente, experimentarás un cambio tan radical, automático y veloz que no lo podrás creer.

Es importante que aprendas a conectar contigo, con tu versión del presente, Es también necesario que aprendas a vivir en el aquí y en el ahora, de nada te servirá vivir en el pasado, ya inexistente, con melancolías de lo que pudo haber sido y no fue. Mucho menos te aportará algo bueno vivir en el estrés constante del desconocimiento e incertidumbre del futuro, el cual, si a ver vamos, aún no existe, así que tu realidad, el ahora, es lo único que tienes, es la verdad. Vive cada momento con la mayor pasión y energía que puedas dedicarle, comenzarás a vivir en realidad, en plenitud, podrás disfrutar cada instante de tu vida al máximo, eso desencadenará en puras cosas positivas, en alegría y entusiasmo, de tu vida desaparecerán la ineptitud, la inconformidad, la mediocridad, la tristeza, y todas aquellas discordancias que hacen que tu día no termine bien.

La Fe es el imán de los milagros, y la única manera de adquirirla en su totalidad, es para mí, a través del crecimiento y el desarrollo personal. Dedícate a leer, a instruirte en este aspecto, desafíate a mejorar y evolucionar en tu desarrollo personal a diario, proponte metas de lecturas en plazos de tiempos determinados, que te lleven a aumentar ese crecimiento constantemente, si no te gusta leer, o no tienes tiempo, puedes optar por los audiolibros, son una excelente opción, ya que en menor tiempo puedes conocer más literatura, y además si hay algo que desees repasar puedes hacerlo fácilmente sin tener que leer de nuevo todo el libro, tan solo con escuchar de nuevo basta. Puedes hacerlo en el tráfico, o mientras haces tu actividad física, o simplemente disciplinarte y dedicar un tiempo en el día para instruir tu inteligencia emocional, y organizar al menos una hora diaria para este fin, una hora al día de un audio libro es aproximadamente 80 páginas, imagínate todo lo que puedes lograr solo en 60 minutos diarios.

Uno de los libros que más ha enriquecido mi intelecto emocional, es *"Los Cuatro Acuerdos"* de Miguel Ruiz, son cuatros sencillos pactos, que si los implementáramos en nuestra vida cotidiana todo sería tan fácil, podrías invertir y dirigir toda tu energía en tus sueños y no desperdiciarías ni un poco en trivialidades que nos desgastan. Es uno de esos libros con el que inevitablemente debes darle la razón al tan acertado escritor. Son cuatros convenios necesarios para ser feliz 1) Se impecable con tus palabras, 2) No te tomes nada personal, 3) No hagas suposiciones y 4) Haz siempre tu máximo esfuerzo.

De las costumbres orientales, las cuales debo destacar admiro y respeto en gran medida, he aprendido que hay una gran diferencia entre beneficio y bienestar, el éxito externo es insignificante si no poseemos éxito interno, el autocontrol, la responsabilidad personal y el equilibrio de la mente, reacciones y emociones, el autoconocimiento consciente de nuestro cuerpo, mente, alma y espíritu, son la solución para vivir la vida de nuestros sueños. Cómo amar a los demás si no te amas a ti mismo, cómo hacer el bien si no siembras bienestar en ti, cómo cuidar de los demás si no cuidas de ti mismo. Debemos estar receptivos al despertar espiritual para poder aprovechar el maravilloso poder del universo, y si no te ocupas primero de tu esencia interior, no podrás limpiar de tus sentidos la niebla que los ciega y no les permite captar nítidamente la realidad, de toda la majestuosidad que nos ofrece el universo, que hasta ahora siempre ha estado frente a tus ojos, y aún te ha costado descubrir.

Cada uno tiene la responsabilidad de identificar sus métodos, para lograr el equilibrio, cuerpo, mente y alma. Cada uno de nosotros tiene un proceso individual y nos encontramos en tiempos diferentes, ya que, cada una de las respuestas están en el interior del ser, es imposible que yo tenga las respuestas para tu felicidad, solo tú sabes qué es eso que completará tu vida, que te hará feliz, que te hará disfrutar al máximo lo sublime de la existencia.

Aprende a escuchar tus silencios, de esta manera podrás comenzar a experimentar cambios en tu forma de pensar, en tu cuerpo, incluso en tu alma. Tendrás más energía y armonía, la gente comenzará a decirte que luces estupendo y radiante, tendrás sensación de bienestar, no solo lograrás mejorar tu vida si no la de tus seres amados, podrás enriquecer tu mundo interior y como consecuencia tu mundo exterior.

Quien concentra su atención y observación hacia afuera, sueña, el que redirecciona su atención y sus sentidos conscientemente hacia adentro, despierta, si lo logras, más que encontrar sabiduría y vivir una vida plena, yo te invito a que consigas esclarecimiento y obtengas una vida extraordinaria. Al reencontrarte podrás transmitir ese maravilloso hallazgo a tus seres queridos, mientras ayudas a los demás en cualquier sentido, físico, mental y espiritual, cosecharás lo mismo y sentirás en viva piel el grandioso poder que la abundancia infinita ha dispuesto para nosotros.

Solo la ceguera por la acelerada vida que nos hemos inventado ha impedido entender sus encantos, déjate maravillar, déjate cautivar por la pasión y el entusiasmo que están dentro de ti, no solo llegarás a diseñar la vida genial para ser feliz tal cual entre líneas te propongo, además me comprometo contigo a que alcanzarás una vida extraordinaria, proveedora de todo cuanto desees, serán tantas las lluvias de bendiciones, las sincronicidades, que cuestionarás si solo una vida será suficiente para aprovecharlo todo y tendrás inevitablemente que comenzar a Dar.

Esto solo podrás lograrlo si primero vacías tu vasija del saber, la cual, trajiste en el momento de tu nacimiento vacía, pero desde ese preciso momento, la comenzaste a llenar con experiencias, situaciones, recuerdos pasados, donde algunos son buenos y otras discordantes, pues plantéate vaciar todo aquello que te evite colocar en ella abundancia y opulencia, bota todo lo que te ocupa espacio y dale paso a las verdaderas maravillas que el universo tiene para ti, permítete desaprender para volver a aprender. No seas testarudo, en las mentes cuadradas solo vive la frustración y el desequilibrio, pues la vida no es perfecta, no está todo programado y agendado rigurosamente. Asegúrate de eliminar toda la maleza de tu jardín.

Sumario
Invirtiendo en tu Desarrollo Personal

No existe inversión más valiosa, que toda aquella que puedas destinar a tu crecimiento y desarrollo personal.

Primero debemos ser, para poder llegar a hacer. Existe un proverbio Zen que no puede explicarlo mejor, *Los árboles meditan en invierno, gracias a ello florecen en primavera, dan sombra y frutos en verano y se despojan de lo superfluo en otoño.*

Todo en la vida es un proceso, la formación es uno de ellos, en el descubrimiento y el consecuente florecimiento de nuestra mejor versión, debemos entrenarnos, nutrir nuestro intelecto y espíritu, es la única vía por la que lograremos exitosamente alcanzar dominar las principales virtudes, para emprender el camino de la manera más sabia.

Solo a través del conocimiento adquirido y la inteligencia emocional, podremos construir bases y cimientos sólidos, en el recorrido de la búsqueda y encuentro de nuestra versión soñada.

No podemos dejar de lado una idea primordial, nuestro reflejo exterior es la traducción fiel de nuestro mundo interior. El impulso para capitalizar el talento debe ser fuerte, así el consecuente empuje para la acción, se activará potencialmente y podrás levantar el vuelo para la consecución de la más alta maestría. El dominio de todo su ámbito y vida propia, significa primero alcanzar el imperio interior, para poder obtener el imperio exterior, si careces de fe para que tus ambiciones se hagan realidad, nunca conseguirás que se cumplan, para una repercusión significativa en el planeta, es importante la conquista de los pensamientos, las emociones, la disposición física, espiritual y el equilibrio energético, estos cinco imperios internos que, si se consiguen controlar con desarrollo y crecimiento personal, hemos alcanzado una de las llaves maestras para el tránsito del éxito.

Mis Primeros pasos en la mejor Inversión

Quiero acompañarte en la inversión más importante e invaluable que harás en tu vida, aquella en la que enriquecerás de manera segura y sin desperdicios en tu crecimiento y desarrollo personal.

Recuerda todas las debilidades que has podido identificar desde que comenzaste la lectura, y algunas otras que siempre has tenido presente en tu mente y has querido mejorar, o convertir en fortalezas, haz una lista en tu agenda de todo lo que quieras mejorar, no te pongas límites no subestimes ningún cambio que se te ocurra debas hacer en tu vida y en tus hábitos diarios, por pequeño que sea, anótalo en tu lista de aspectos a mejorar.

Ahora comencemos la primera etapa: la llamo la adquisición de poder (conocimiento). Para ello quiero retarte a hacer una lista de 5 personajes conocidos en el campo de la evolución personal, que crees te ayudarán con el propósito anterior, para lograrlo tendrás que investigar la biografía de cualquier personaje de la historia o la actualidad, que llame tu atención o que admires y sientas puedan inspirarte a mejorar, y a descartar todo aquello negativo o discordante de tu vida para encontrarte con tu mejor versión, puede ser un filósofo, un religioso, un historiador, un político, defensor de derechos humanos, un deportista, un inventor o científico, un artista, un escritor, o por qué no un actor o actriz de cine. También puede ser un profesor, familiar o conocido a quien admires y tengas acceso a su biografía. Ahora destina un momento específico de los próximos 5 días, en el que le asignarás la hora y cantidad de tiempo para el estudio y análisis de dichas biografías. En tu agenda destina un espacio donde elabores un cuadro con 5 columnas cada una de ellas para un personaje en las que anotarás todas aquellas cosas valiosas de su vida, que te atraparon y te dejaron alguna lección aprendida, relaciónalas con ese o esos aspectos que deseas cambiar, escribe las fallas que identificas en ti, y al final de cada falla, anota entre comillas el plan de acción que tomarás para cambiar cada una de ellas, puedes basarte en las experiencias de los personajes o en cualquier inspiración que se te haya ocurrido en la actividad.

Finalmente escribe en mayúscula un compromiso personal contigo mismo, en el que juras no defraudarte por ningún motivo, a llevar a cabo las acciones necesarias para lograr los cambios, por al menos 30 días seguidos.

Al terminar el período de los 30 días y monitoreando con toda responsabilidad el cumplimiento de tus acciones, quiero que identifiques y escribas los cambios que tú, o probablemente las personas que te rodean te hayan comentado que has obtenido, créeme te sentirás tan orgulloso de tus avances que no podrás explicarlo, esto te motivará a continuar.

CAPÍTULO 6

"No sé qué puedo parecerle al mundo, pero a mí me parece que soy solo un niño jugando a orillas del mar, que se divierte buscando una piedra más lisa o una caracola más bella de lo común, mientras que el enorme océano de la verdad se presenta ante mí con toda una inmensidad inexplorada".

ISAAC NEWTON

Relaciones Interpersonales

Es atrevido asegurar que podemos vivir aislados y de manera autosuficiente, es una realidad que vivimos en sociedad, y como tal debemos adecuarnos y adaptarnos, para poder transitar nuestro sendero de autodescubrimiento, en paz con la humanidad sin pretender hacer lo que nos han hecho nuestros antepasados, intentando imponer creencias. No trates de acelerar el proceso de nadie, ni forzar la barra cuando alguien no te entienda, cada quien tiene derecho a ir a su ritmo y en sus tiempos, como te mencioné anteriormente, cada quien es responsable de su autoconocimiento.

Para que puedas conseguir tu autorrealización, es sano que lleves la fiesta en paz con quienes te rodean, probablemente muchos te criticarán, no te entenderán, cuestionarán desde tus hábitos alimenticios hasta lo intelectual que te hayas podido convertir, no importa, les llegará su momento si no es en esta vida será en otra, pero ese es su proceso, tú respétalos. Probablemente cuando comiences a cosechar todo lo que te he prometido, te juzgarán y no entenderán cómo es que has logrado encontrar tanto y de manera tan rápida e inesperada, recuerda que el mundo ve tu puesta en escena pero no los tras bastidores. Es lógico que no entiendan todos tus esfuerzos, pues no conviven contigo las 24 horas del día, por eso en mi capítulo 3 me aseguré de hablarte de tu núcleo, de ahí la importancia de su identificación, son los únicos que entenderán tu proceso, pues lo han vivido contigo, ellos son los que verdaderamente conocen cada detalle y quienes en realidad tienen bases para aconsejarte, de ellos aprovecha todas las observaciones, ya que, desde su posición son reales y sinceras las críticas y sugerencias.

No puedes empeñarte en complacer a todo el mundo, eso es alarma para un peligroso e inminente fin de tu proceso; si lo haces intentarás reproducir en el film de tu vida lo que la multitud espectadora espera ver de ti, eso no está bien, sería el peor y más falso acto que te harías a ti mismo. Si lo haces terminarás imitando la vida de las masas, y ahí no están tus sueños, recuerda están solo dentro de ti.

Sin embargo, debes equilibrar perfectamente bien y con inteligencia tu búsqueda personal con el mundo cotidiano, con las personas que te rodean a diario, en tu trabajo, en la universidad, en el gimnasio, tus clientes o pacientes, empleados o empleadores, compañeros de trabajo, superiores, amistades y demás familiares. No trates de dar explicaciones de tu vida a quienes en realidad no les importas, recuerda muchas personas pasarán por tu camino, pero solo las que pertenecen a ese núcleo que debes identificar, es a quienes debes confiar tu sendero. Sin embargo, es de suma importancia tratar de entrar en el juego de la sociedad inteligentemente y con claridad mental, es decir, debes llevar la fiesta siempre en paz y con equilibrio, pues no podrás aislarte del todo.

Muchas personas no te entenderán, hasta puedan considerarte extraño para ellos y muchos se alejarán de ti, pero como bien reza el dicho popular no importa quién se va, importa quien llega. Todas las personas llegan a nuestra vida con un fin, de todos siempre aprendemos algo o dejamos alguna huella, la idea es que sea lo más natural posible, quien no comprenda tu proceso está bien pues su nivel es distinto al tuyo y eso es válido, no te incomodes solo sigue adelante.

Para dominar este equilibrio con tus relaciones interpersonales es importante que tomes muy en cuenta tus principios de interacción, como son, las conexiones con los demás, la disposición que tienes en el momento de interactuar, la confianza que trasmites, el respeto, la empatía, la compresión. Todos estos patrones están determinados por distintos factores, tu crianza, el desarrollo de tu carácter, tu educación, instrucción espiritual, experiencias pasadas.

Todo lo que has experimentado contribuye en construir tu carácter, y por ende en la manera en que manejas este equilibrio del que te hablo. Si bien es cierto que no escogemos las experiencias que vivimos en la niñez, las cuales pudieron haber creado patrones incorrectos en el momento de relacionarnos con otras personas, tampoco es menos cierto que sí podemos reprogramarnos y decidir qué actitud tendremos frente a las nuevas experiencias.

Nunca olvides esta afirmación: adoptamos los hábitos, costumbres, gustos, en fin, formas de ser de las 5 personas más cercanas a nosotros, es por eso la importancia de desechar todo aquel que resta a tu vida, y no se trata de no hablarle más o no verlo más nunca, habrá ocasiones que, aunque quisieras no podrás alejarte del todo, a lo que me refiero es que hagas caso omiso y practiques la sordera con esa clase de personas, no las escuches, aquí tendrás que sacar tu armadura más fuerte de personalidad y convicción de lo que estás haciendo, para conseguir tu mejor versión, saber decir no en el momento adecuado y de la forma acertada, si pierdes personas por eso, entonces trata de crear relaciones sanas con el resto, en algunos casos te sumarán y en otros no aportarán, pero tampoco quitarán.

Busca cultivar tus relaciones interpersonales, influye de manera positiva, con el ejemplo, cuenta tus experiencias e impulsa a las personas a ser mejores cada día. Afina la efectividad en tu comunicación, observa y analízate como emisor, a menudo las personas interpretan lo que quieres expresar o por el contrario, el mensaje no llega del todo correcto y completo, entonces céntrate más en tu capacidad como emisor que en la deficiencia de tu receptor al recibir tus mensajes, asegúrate de pulir y mejorar tus herramientas cuando te diriges a los demás, bien sea verbal, gestual, o corporalmente.

Apóyate en la humildad y la delicadeza al tratar de transmitir algo, no impongas tus ideas, al contrario, intenta que la mayor cantidad de personas se expresen con libertad, se contagien de tu energía, se beneficien de tu amor, paciencia y sabiduría. Para lograrlo, suma en la vida de los demás, no mires a nadie a través el lente del prejuicio, antes de etiquetar a quien tienes al frente date la oportunidad de conocerlo un poco más y así más personas cada día captarán el mensaje que quieres dar, de manera tal que se enamoren de tu legado, así afianzarás relaciones, crearás nuevos lazos, entre muchas más ganancias de vida.

Evidentemente, en tu camino también toparás con personas "obstáculos", probablemente sí y en varias ocasiones, no te entenderán y hasta te malinterpretarán, no te dejes llevar por sus juicios, busca mejorar aún más tu forma de comunicarte, de ser entendido y de entender el lenguaje de los demás. Así podrás compartir de manera eficaz todo lo que has descubierto en ti y con amor trata de hacerles saber que ellos también lo pueden lograr.

Si quieres llegar a un mayor nivel, que tu intención sea ayudar a aquellas personas "obstáculos, incrédulas y negativas", trata de ser como fueron tus padres o profesores cuando intentaron enseñarte algo, recuerda, ellos fueron pacientes, te repitieron una y mil veces la misma lección, hasta que la incorporaste como un valor o un elemento positivo de tu conducta y cuando no lo alcanzaban a través de la repetición se ingeniaban un nuevo método hasta lograr el cometido, no te des por vencido.

Conviértete en un ser de luz, ilumina tu vida y la de los demás, así no los conozcas no importa, de hecho, te confieso algo, es más gratificante cuando logras influir positivamente en las vidas de personas que ni conoces, fíjate lo estoy haciendo contigo y eso me llena de mucha satisfacción. Si enciendes tu llama ayudarás a prender la de los demás, en cambio, apagando la llama de otros igual no lograrás encender la tuya.

A medida que tu actitud cambie, mejorarás tus relaciones a diario, con toda clase de personas, créeme, esa es la semilla más valiosa que podrás sembrar en el jardín de tu vida, verás cómo de manera casi mágica, todos te comienzan a querer, a entender, las discusiones y malentendidos se desvanecerán de manera automática, las puertas se comenzarán a abrir en tu camino y no existirá un ser en el planeta que pueda negarse a cualquiera de tus peticiones, todos querrán ayudarte porque ya tú los has ayudado a ellos, a darse cuenta de lo hermoso de la vida, del día, del clima, con tan solo haberles deseado un feliz día, por eso te insisto, asegúrate de insuflar en la mente de los demás el valioso poder del amor, a través de simples palabras amables, de una sonrisa, de un acto cordial, o de alguna ayuda para alguien que lo necesite.

Si eventualmente tienes alguna discrepancia con alguien, algún familiar, tu pareja, hijos, socio, jefe, compañero de trabajo, vecino, o algún desconocido, primero aplica la sabiduría de la escucha y la empatía, sé que en medio de una discusión nuestro ego, siempre quiere relucir y salir a todas sus anchas, pero detenlo solo por un momento y justo antes de querer levantar la voz o poner una mala cara, escucha con la mayor atención (créeme son precisamente estos difíciles actos, los que te llevan a tu siguiente nivel). Trata de entender su punto, sé inteligente y otorga la razón en lo que sabes que la contraparte la tenga, y parte siempre de ahí, luego de manera calmada y asertiva da a conocer tu punto de vista, te aseguro que ambas partes tienen algo de razón, ya que la verdad absoluta no existe.

Cuando admites que desde el punto de vista personal de cada uno, hay algo de razón, comenzarás a ver cómo la discusión llega a un desenlace perfecto, sin rencores ni mayores problemas, todo lo contrario, las personas comenzarán a respetarte y admirarte cada vez más. Eso sí, debes ser consecuente y constante en tu nueva manera de ser.

Lo que te quiero reafirmar es que, si un día amaneces un poco cabizbajo (cosa que es normal al principio de tu camino al autoconocimiento) no debes cometer el error de darte por vencido y ese día echar todo por la borda, deshaciendo tantos peldaños avanzados, por tan solo un poco de mal humor, cosa que puede ser producto incluso por algún desbalance hormonal, esto lo van a comprender más mis lectoras, pues somos un manojo de hormonas que hacen de las suyas en nuestro cuerpo afectando nuestro ánimo, al menos una vez por mes, así que si esto te ocurre, mi recomendación es que tomes una pausa, escápate y tómate al menos una hora contigo mismo y llega a un nuevo acuerdo con tu conciencia.

Quiero compartir contigo lo que llamo mi truco de magia, como aún no me separo de mi cuerpo humano y tengo mucho de él, obviamente a veces me siento algo decaída; sin embargo, he programado mi mente tan profundamente que forma parte de mi pensamiento aun sin darme cuenta, de modo que ya lo hago de manera automática, como cuando me cepillo los dientes al despertar. En el instante en que siento dentro de mí alguna incoherencia con respecto a mi camino del despertar, primero la identifico, luego me aparto, si puedo irme a un lugar abierto rodeado de naturaleza lo hago; si no, sencillamente me encierro en alguna habitación o en el baño, medito de manera pausada, qué me llevó a sentir tal discordancia, y con respeto a mí misma me permito drenar ese sentimiento, el cual puede ser rabia, nostalgia, tristeza o miedo (claro no le doy mucha fuerza a este momento solo lo dejo fluir por unos breves segundos), trato de concentrar mi atención en mi respiración (técnica más que conocida y cabe destacar muy efectiva, pues es el respirar es sinónimo de vivir y conexión con nuestro origen).

Así comienzo a repetir mis afirmaciones y declaraciones, las cuales las ideo cada día o cada semana, dependiendo de mis objetivos del momento, recuerda esto es todo un proceso, para mí ya es parte de mi estilo de vida, la idea no es que sea solo una moda, el fin es que llegues a la plenitud de tu vida y comiences a experimentar de manera extraordinaria las maravillas del universo. Finalmente, agradezco por el momento, por la experiencia y porque haber logrado ese autocontrol me ayuda a avanzar a siguientes niveles de sabiduría que me otorgarán más felicidad, tranquilidad, paz e inteligencia emocional.

Ya verás cómo más pronto de lo que te puedas imaginar, todas tus relaciones con los demás y contigo mismo comenzarán a fluir de manera perfecta, los nudos se desatarán, las trabas y obstáculos por sí solos se derribarán, comenzarás a experimentar la ley de la atracción en todo, absolutamente todo lo que vivas, en cada uno de tus pasos del día desde tomarte el café en el desayuno, hasta lograr grandes metas financieras que te has trazado. Pero no me creas a mí, solo permíteme convencerte, poniéndolo tú en práctica solo un día, estoy segura de que me darás la razón, y desde ya yo siento la hermosa gratificación en mi corazón de haberte aportado esta herramienta tan maravillosa y poderosa para tu vida.

Sumario
Potenciando tus Relaciones Interpersonales

La realidad es que vivimos en una sociedad y verdaderamente no existe más grande satisfacción y fórmula exitosa que los resultados de nuestra productividad en el campo que sea, que estos puedan servir y aportar al crecimiento de la humanidad.

Llevar un ambiente armonioso con todos aquellos, quienes te rodean habitualmente, es una sana y muy sabia decisión que tendrás la obligación de tomar constantemente, pues el dicho cada cabeza es un mundo, es una gran verdad. No intentes imponer tus ideas de manera agresiva, exponlas con humildad y con un tono sutil, nunca te desesperes, ni te adelantes en tus resultados y con el ejemplo, harás despertar y abrir los ojos a más de uno, solo respeta los tiempos de cada quien, sé empático y aplica todas las herramientas que has aprendido dentro de tu evolución personal, en el trato con tu círculo social.

¿Qué tanto te conoces?

La base fundamental para crear lazos interpersonales, sanos es comenzar por el autoconocimiento, ya que al saber de buena tinta acerca de nosotros mismos, podemos controlar nuestras respuestas, reacciones y actitud ante las demás personas, siendo más asertivos en el momento de dirigirnos a los que nos rodean, y sobre todo sabiendo los momentos oportunos y adecuados para llevar a cabo conversaciones, o dar respuestas.

Además, a través del autoconocimiento podemos entender y reconocer aquellas actitudes o características de nuestra personalidad que quizás no le agraden a los demás, logrando de manera astuta e inteligente, evitar mostrar esas facetas responsables del deterioro de nuestras relaciones interpersonales. Esas características pueden ser desde el tono de voz al dirigirte a otras personas, como frases que utilizas, maneras de responder, o más importante aún no saber gestionar tus emociones, explotando de manera inapropiada y en momentos inoportunos, lo que fractura tus relaciones, creando rencillas, problemas y malentendidos.

Para la dinámica requiero que en tu agenda hagas la gráfica que te muestro a continuación:

¿Cuán importante es la opinión de los demás hacia mí?

	YO LIBRE	YO NEGADO
	YO ESCONDIDO	YO OCULTO

(eje horizontal: 0 ... 100; eje vertical: 0 ... 100 "¿Cuánto me animo a decir lo que pienso?")

Para hacer el ejercicio es necesario que seas totalmente sincero y transparente, para que logres mejorar tus relaciones personales.

En la escala horizontal, 0 significa que no te importa nada lo que opinen de ti y 100 significa que te importa la totalidad de la opinión de los demás. Para el eje vertical de la gráfica, cero significa que no te animas en absoluto a expresar lo que piensas y 100 que estas totalmente dispuestos siempre a decir lo que piensas sin importar nada. Ahora bien, respondiendo este par de preguntas vas a apuntar en porcentajes dentro del cuadro las respuestas, te muestro un ejemplo:

¿Cuán importante es la opinión de los demás hacia mí?

105

Significado de los cuadrantes:

YO LIBRE: El yo libre significa lo que todos conocen de ti, y lo que tú muestras a los demás.

YO ESCONDIDO: El yo escondido es todo lo que conoces de ti y no estás en la capacidad o disposición de mostrar a los demás, es tu real identidad.

YO NEGADO: El yo negado es todo lo que los demás reconocen en ti, pero que no quieres escuchar, son todas aquellas características de tu personalidad o actitudes que los demás ven en ti, pero que tú te niegas a asumir, estas pueden ser tanto positivas como negativas.

YO OCULTO: El yo oculto es todo aquello que aún ni tú ni las demás personas han descubierto en ti, pueden ser tanto fortalezas como debilidades.

Del lado izquierdo del gráfico, el yo libre y el yo escondido, es todo lo que te importa, y lo que más conoces de ti representa el autoconcepto, el lado derecho del gráfico representa todo lo que no te interesa saber ni cambiar (por ahora) y todo aquello que desconoces de ti, se trata más del concepto que tienen los demás sobre ti.

Dependiendo del número o porcentaje que has escogido en la escala superior, revelará cuánto te conoces, mientras más alto más autoconocimiento posees, mientras más bajo más tendrás que trabajar en conocerte, ya que es la mejor herramienta para comenzar este camino de mejora continua de tu ser. Además, te empoderarás para darte a conocer realmente al exterior, así podrás comenzar a mejorar tus relaciones al saber controlarte, en el momento más adecuado, cuando tengas que dar una respuesta, o dominar alguna reacción, o pensamiento. Todo en la vida se centra en nuestra actitud ante las eventualidades y eso incluye los eventos al relacionarnos con las demás personas. Esta acción suma mejores relaciones en tu vida, lo que te garantiza abrir muchas puertas, valor agregado para conseguir cualquier cosa que sueñes.

Conocerte mejor también te enseñará a escuchar más, no te digo que escuchar sea lo mismo que obedecer, pero el poder de la escucha te abre un abanico de posibilidades para aprender.

En cuanto a la escala vertical, mientras más bajo es el número que escogiste, más tendrás que trabajar en el compartir con los demás, recuerda que nadie es el dueño absoluto de la verdad, pues la verdad es relativa dependiendo del cristal con que se mire, o de los zapatos que se utilicen, dependiendo de la situación de vida algo que puede ser muy malo o negativo para una persona se podría traducir en una dicha para otra.

Al no ser tan cerrado en tus sentimientos o acciones también conseguirás descubrirte más, lo que te llevará a ser mejor persona, al darle paso de manera consciente y con discernimiento responsable a cualquier crítica constructiva, te darás la oportunidad de reflexionar y mejorar aquello que desvirtúa tus bondades como ser humano.

Es importante que pienses en que todas las personas tenemos distintas ventanas, una para el trabajo, una para la familia, una para la diversión o los gustos, una para las finanzas, otra para las creencias, trata de hacer este mismo ejercicio en cualquier ventana en la que creas que no andas muy bien, para ver cómo cambiar y potenciar tus habilidades, tu personalidad y desechar todas aquellas discordancias que no te dejan avanzar. Aunado a esto, te ayudará a ver dónde estás parado, donde comienza el punto de partida para caminar hacia esa mejor versión.

CAPÍTULO 7

"Odié cada minuto de entrenamiento, pero dije:
No te rindas. Sufre ahora y vive
el resto de tu vida como un campeón".
MUHAMMAD ALI

Mis Pilares: Alimentación, Deporte y Meditación

Alguna vez has escuchado a alguien, luego de terminada una rutina de ejercicios de 45 minutos decir, que fastidio me siento horrible acabo de hacer 45 minutos de cardio ¡Jamás! Todo lo contrario, no existe sensación más satisfactoria y motivadora, que haber hecho algo de actividad física, el resultado siempre llena de orgullo y ánimo para continuar los días siguientes con otra rutina.

En el lado opuesto, ante el abismo, consumir una hamburguesa acompañada de papas fritas, una exagerada y excéntrica combinación de salsas y una cerveza, en muchos casos da como resultado comentarios como, me siento terrible, mi pobre estómago va a explotar, no soporto la acidez, no entiendo por qué como de esta manera sabiendo que después me sentiré tan mal y arrepentido. Esto seguido del sentimiento de derrota por el carente poder de autocontrol en el momento de elegir tus alimentos, o al menos moderar las cantidades cuando ya has caído en la tentación.

Ves los dos lados de la balanza, ¿en cuál te encuentras sumergido, la mayor parte de tu vida? Cierra ciclos, rompe paradigmas, entierra tu pasado, no te dejes llevar por tus creencias, borra el chip de tu cerebro del no puedo, claro que puedes hacer todo lo que te propones, si tantos lo hemos logrado, tú también puedes lograrlo. Sí puedes levantarte temprano y rendir tu día, sí puedes hacer ejercicios y lograr la mejor versión de tu cuerpo y ganar extraordinarios niveles de energía, sí puedes comer saludable y recobrar la salud deseada, sí puedes llegar a la cima y cosechar la felicidad que paso a paso fuiste sembrando, sí puedes alcanzar todo, absolutamente todo lo que has soñado.

Para lograr vivir en una vida extraordinaria, tienes que forjar una personalidad fuerte y decidida, las virtudes que te llevarán al éxito son la fuerza de voluntad, la disciplina y el autodominio. Una vez escuché: el que controla sus pensamientos controla su mente, el que controla su mente controla su vida, el que controla su vida, se libera de la esclavitud de vivir como exige la sociedad, y comienza a crear la suya de verdad.

Con el fin de conseguir conquistar las virtudes esenciales para una vida extraordinaria, es necesario que vayas conquistando pequeños pasos cada día donde apliques dichas virtudes, retándote a accionar en cosas que quizás te cueste superar, por ejemplo, apagar la TV cuando sabes que ya has visto lo suficiente, o proponerte a no revisar ninguna red social por un día completo, atreverte a despertar más temprano, comenzando al menos con 20 minutos antes a tu acostumbrada hora, ya verás cómo llegar a tiempo a tu destino sin desesperación, ni estrés, harán que agradezcas esos 20 minutos menos en la cama, proponte a hacer actividad física al menos 30 minutos diarios, y si ya lo haces aumenta un poco tu rutina diaria. Agrega algo que se traduzca en un mayor esfuerzo, quizás haz algo de pesas, o comienza a hacer running, primero corre 3 Kms. luego ve aumentando, destruye tus paradigmas y limitaciones mentales, ve construyendo poco a poco tu tropa interna para ganar cada batalla hasta lograr ganar tu propia guerra.

Dentro de poco ya serás dueño de las virtudes necesarias, para lograr el éxito en cualquier ámbito, ya verás cómo cambiará tu forma de ver las cosas, tareas que antes se traducían para tu mente subir el Everest, se convierten en pan comido, con la fortaleza mental bien cimentada, junto a las virtudes aprendidas e internalizadas, así lograrás llegar tan lejos que ni te darás cuenta, solo cuando estés en la cima y mires lo alto que has llegado, no podrás creerlo.

Recuerda, la fuerza de voluntad no puede anclarse a la temperatura del corazón ni a las vísceras, sino a la grandeza del espíritu, ya que la voluntad siempre tiene fecha de caducidad.

El compromiso a tiempo parcial, arroja resultados parciales, conviértete en tu propio generador de estímulos, para el crecimiento y fortalecimiento de tu desarrollo personal constante, debes ser paciente, pues todo en la vida es un proceso, tenemos que esperar al menos 70 días después de plantar una semilla de zanahoria para verla convertida en el vegetal, mientras más nutrientes, agua, sol y amor le proporcionemos, este será más fuerte y hermoso. Lo mismo pasa con nuestro proceso de evolución personal, mientras más alimentes tu voluntad y disciplina, más fuerte será tu temple, más conocimientos adquirirás aumentando consecuentemente tu fuerza de voluntad, ya pronto la inversión de tiempo y energía dedicada a tu crecimiento será completo y tus resultados pasarán a ser completos también.

Una herramienta que considero valiosísima y una de las actividades más esperadas de mi rutina diaria, es conectarme con mi creador, con la fuente infinita de divinidad. Esto para mí no tiene precio, es innegociable, ya que es el momento en que recargo mi combustible para seguir adelante en mi proceso de superación espiritual, logrando así también ayudar al despertar de mis seres queridos.

Experimentar esa conexión en un lugar abierto, rodeada de naturaleza, y con suerte con el sol llenándome de vitamina D_3, es el milagro más hermoso de mis días, no existe nada más revelador de la esencia que la comunicación con el creador, esa sensación de estar en casa, de estar conectada con el que todo lo puede, me proporciona seguridad, paz infinita, borra automáticamente el miedo y asumo la certeza de lo maravillosa que es la vida, son momentos en los que se abren realmente los ojos del alma, y se entiende que todo lo malo sobre la tierra lo hemos creado los seres humanos, ya que Dios, el Supremo amoroso, el dueño de la inteligencia infinita jamás pudo tener alguna idea de maldad o que perjudicara de manera alguna a sus hijos. En ese momento de entrega total entiendes que todo ocurre para bien y para nada más.

El deporte, la buena alimentación y la meditación, han sido para mí la llave que Dios me ha regalado para abrir el baúl del tesoro de la verdad, esa verdad que todos hemos buscado desde el primer momento de nuestra existencia y al parecer "es muy difícil de descifrar", que cuando nos cansamos de buscar, nos conformamos con que al morir lo descubriremos todo, pero no hay peor engaño a nosotros mismos que ese. Justamente la idea de que como seres espirituales que somos tengamos una experiencia humana, es descubrir toda esa verdad aquí y ahora.

El deporte, la buena alimentación y la meditación, han sido para mí las páginas del libro de la sabiduría y la sapiencia infinita, me han demostrado que todo lo que quiero lo puedo alcanzar, que el "no puedo" es una gran mentira que limita y condiciona nuestras mentes. Con solo un aliento más, podemos alcanzar eso que parece imposible, tras la respiración obtenemos el autodominio. Podemos controlar las emociones, pensamientos y reacciones, al punto de convertirlo todo en voluntario, porque la involuntariedad no es más que una ficción.

Descubrí además que la fuerza de voluntad es mi esclava, yo tengo todo el poder y autoridad sobre ella, no al revés. Puedo controlar todo lo que quiera y no quiera hacer, ahí se encuentra la magia del libre albedrío, tenemos la maravillosa capacidad de tomar el volante de nuestra vida y direccionarlo a donde queramos, ese poder es nuestro y solo nuestro, descubrir tal poder es descubrir uno de los misterios de la humanidad. No existe sensación más gratificante y poderosa que sentirse uno dueño a cabalidad de su vida y del control de esta.

Descubrir que todo lo que quieres lo puedes alcanzar, no tiene comparación, descubrir lo fácil que resulta, solo con escoger el camino correcto en la encrucijada, es definitivamente mágico.

Sumario
Reubicando tus pilares de alimentación, deporte y meditación

En este capítulo te describo mis pilares fundamentales, aquellos que me han ayudado a reforzar las bases de mi vida en construcción, sin duda son la buena alimentación, el deporte y la meditación, la combinación perfecta para abrir la caja fuerte de mi voluntad, disciplina, personalidad y autocontrol.

De este estilo de vida, que además tras los años se ha convertido más en una filosofía, solo he obtenido herramientas maravillosas que me han dirigido al éxito y a la felicidad constante. La combinación de cuerpo sano y mente sana, una frase repetida que mantiene su valor inestimable, me ha permitido forjar la credibilidad en mí, en mi poder interior, me ha demostrado que mis ganas de triunfar son más fuertes que la derrota, decirle no a un alimento inadecuado para mi dieta diaria, sin sufrimientos, me demuestra constantemente lo fuerte que puedo ser, independientemente de la influencia externa que trate de provocarme, sencillamente mi norte está tan claro y arraigado en mi conciencia que ese discurso deformante que viene de afuera se ve anulado en el momento de la decisión, sin mencionar los extraordinarios beneficios para mi salud y bienestar corporal. Elegir despertarme cada día para activar mi laboratorio hormonal, con mis rutinas matutinas de actividad física, me muestran cada día mayor disfrute, más energía y confortabilidad durante toda mi jornada, se ha convertido en mi pasión, aunque como todo hace 7 años atrás cuando comencé este camino me costó, pero pronto implementando todo lo que te he contado, se convirtió en parte de la rutina de mi vida.

La conexión diaria con el creador, lo que llamo alimento para el alma y la hermosa bendición de mi usanza, me reconforta, llena de energía, fe y fortalece mi crecimiento espiritual, me hace despertar, y abrir cada vez más los ojos de mi verdadero YO.

¡Transformando Hábitos Incorrectos en Estilo de Vida Ganadores!

1.- Nada mejor para comenzar a introducir cambios positivos a nuestra vida que con la alimentación, toma en cuenta que hacer cambios radicales en corto tiempo por lo general, no se convierten en trascendentales, son tan bruscos que llegan a abrumarnos y terminamos tirando la toalla, por lo que te recomiendo que comiences poco a poco. Si lo que quieres es cambiar malos hábitos alimenticios proponte pequeñas metas al principio semanales y luego vas alargando los plazos, a medida que vayas alcanzando esos cambios. Puedes comenzar experimentado con un jugo verde en ayunas cada mañana, aquí te comparto la receta del mío, es realmente delicioso.

En la licuadora o procesador coloca 1 pepino, puedes retirar un poco de concha y las semillas, 2 palitos de célery (apio españa), 2 rodajas de piña, un poco de jengibre y unas gotitas de limón. Procesa todo con una taza de agua, hasta no encontrar tantos grumos. Puedes probar variando la fruta cada día.

Luego puedes continuar eliminando alimentos dañinos y transgresores de nuestro organismo, como el azúcar de mesa (sustitúyela por opciones más saludables y orgánicas como la stevia, sé que es un poco amarga, pero a medida que la conozcas aprenderás a amarla). También trata de incluir más vegetales en tus comidas, incluso una merienda puede ser una ensalada ¿por qué no?

De este modo poco a poco vas a ir transformando todo aquello que decidas regalarle a tu organismo, el cual es tu máquina más preciada para toda esta transformación, seguro has escuchado oír miles de veces, con la salud podemos alcanzar cualquier cosa sin ella nada, pues ha venido el malvado COVID-19 para recordárnoslo en cada noticia de los diarios.

Una vez logrado este cambio de alimentación, puedes probar incluyendo rutinas de ejercicios a tus semanas, te recomiendo que si no haces nada en la actualidad comiences progresivamente, con al menos 3 días por semana, al principio trata de probar varias actividades físicas, puede ser caminar al aire libre, o en caminadora, montar bicicleta o practicar ciclismo indoor, senderismo, puede ser fitcombat, natación, tenis, trote, yoga o pilates, cualquier deporte. La idea es que descubras con cuál te identificas, cuál te hace sentir especial y conseguir una conexión irrompible con ese deporte, así comenzarás a ver esta actividad como un momento especial de tu vida con el que sueñes cada día y no se convertirá nunca en una ardua labor, por eso si logras enamorarte de esa actividad te garantizo que tendrás éxito en tus rutinas de ejercicios, y nunca más lo abandonarás. Una vez descubierto tu deporte pasión (de seguro existe uno, créeme) ahora incrementa la frecuencia en las prácticas, busca grupos de personas a quienes les apasione lo mismo, así se darán ánimo constantemente y en un ejercicio de retroalimentación todos siempre lograrán cumplir con su responsabilidad física.

Otra de las rutinas que cambió mi vida casi de manera mágica fue la meditación, ese momento diario en el que me conecto con el creador. Todo comenzó una vez que había logrado sellar como un tatuaje indeleble en mi vida las rutinas de ejercicios diarias, recuerdo que terminada cada sesión de spinning o de algún entrenamiento del que quedaba fascinadamente exhausta, las ganas de quedarme en calma, silencio y comenzar a respirar profundamente me alejaba del lugar, me hacía viajar, mentalmente sentía que me despegaba que volaba al infinito, la sensación era de una majestuosa gratitud, que se comenzó a convertir en el instante más esperado después de mis rutinas de ejercicio, a tal punto que jamás lo dejé, y es parte de mis rituales matutinos, a los que llamo mañanas milagrosas.

Todo comenzó solo con unos 5 minutos, pues antes no lo hacía de manera organizada al igual que no tenía un horario determinado para mis ejercicios, por tanto, no lograba superar los 5 minutos, de la nada se metían en mis pensamientos todas las obligaciones que tenía, y pensaba no puedo seguir perdiendo el tiempo aquí en la nada, ahora pienso que tonta fui, me burlo de mí misma al pensar que consideraba este milagro como una pérdida de tiempo ¡qué loca!

Un día entendiendo el poder tan enriquecedor de esos momentos comprendí que debía invertir más tiempo en ello, así que decidí planificar mis días, ahí comencé a salirme de mi zona de confort y fue cuando cambié estas rutinas a las mañanas, desde las 5 am hasta 7:30 am en las que me alcanza el tiempo para todo lo que me apasiona, mi sesión de spinning, una sesión de pesas, y lo máximo mi meditación.

La meditación la practico con música relajante me gusta el sonido del mar, a veces de ríos con el cantar de aves al fondo, o el sonido del bambú entre el viento, luego respiro profundamente y comienzo a estirar cada extremidad de mi cuerpo y cada músculo, trato de hacerlo del modo más consciente posible, luego de ya haber embarcado mi viaje al infinito y con mis ojos cerrados, comienzo a agradecer por absolutamente todo desde mi persona, mi cuerpo, órganos, salud, dicha y bienestar hasta por mis familiares, amigos conocidos, objetos materiales como mi casa, hasta por la naturaleza, por el agua, por el sol, por el planeta, por el momento que estoy experimentando, y por la infinidad de bendiciones que proyecto y visualizo en mi futuro a corto, mediano y largo plazo.

Con estos ejemplos te invito a que comiences a dar pasos reales de cambio en tu vida, será el vehículo para que comiences a experimentar y conocer tu mejor versión, te enamorarás tanto de ella que todo esto que al principio supuso sacrificio y salida de tu zona de confort, pronto se convertirá en los momentos y prácticas más esperadas por ti cada día. Organízate, coloca el horario más conveniente según tu vida y tus responsabilidades. En mi caso escogí las mañanas, cuando el mundo aún duerme, porque es un momento de auto obsequio, así evito distracciones y puedo sacar el mayor provecho. Pero lo más importante de cada mañana es el hermoso regalo de Dios en cada amanecer frente a mis ojos, eso no lo cambio por nada. Quiero compartir contigo esta vivencia, experimenta, aprecia el próximo amanecer, respira y agradece de manera consciente.

CAPÍTULO 8

*"Por eso les digo que todas las cosas por las que
oren y pidan, crean que ya las han
recibido, y les serán concedidas"*
MARCOS 11:24

Pensamientos, Deseos, Inspiración, Decretos y Acción

Vives en un universo inherentemente abundante, pero por alguna razón no te lo crees. Aquello en lo que te concentras es lo que se expande, justo ahí donde diriges tu atención, fluye la energía y aparecen automáticamente los resultados.

Tus pensamientos deben ser tu prioridad. Cada día haz el esfuerzo de controlarlos, desde que abres los ojos por la mañana, hasta el último instante en la noche antes de dormirte profundamente. Sé que parece una muy ardua tarea, pues está comprobado que en promedio tenemos un mínimo de 60.000 pensamientos al día, todos los podemos percibir, a muchos los dejamos ir y a otros les seguimos el rastro, tanto que podemos desconcentrarnos de cualquier actividad o tarea para centrar nuestra atención en dicho pensamiento, por eso es que a mí no me resulta tan descabellado invertir esfuerzo en controlarlos. Al percatarme del desarrollo de un pensamiento, el mismo me hace sentir de una manera u otra y dependiendo de esa emoción que evoluciona en mi plexo solar, puedo clasificarlo como uno positivo o uno negativo, y de inmediato me dispongo a la tarea de cambiarlo. Si me hace sentir incómoda, mal o triste, me inclino a modificarlo.

Si por otro lado el pensamiento se desarrolla a raíz de alguna sensación física, por ejemplo, un dolor de cabeza, es natural pensar no quiero que me duela la cabeza, o exclamar en la mente, ¡Dios quítame este dolor de cabeza! al surgir, automáticamente pienso: tengo una cabeza maravillosa, amplia, cómoda, lúcida, pensante y fresca, es la fuente de mi creatividad, ella es el laboratorio de todas mis ideas perfectas, de ella sale mi inspiración. Así hago mi trabajo de controlar mis pensamientos, evitando a toda costa que ellos me dominen a mí.

Recordando un poco la ley de la atracción, ella nos enseña que semejante atrae a semejante, por tanto, en vez de pensar no quiero tener este dolor, pienso en lo que sí quiero ¿ves la diferencia? Avanza en tu inteligencia emocional, con voluntad y fe, controla tus pensamientos, practica primero generando en todo momento pensamientos positivos, adiestra tu mente, cada vez que aparezca un pensamiento negativo automáticamente, decide cambiar tu frecuencia, condiciona tu mente que por cada pensamiento negativo debe generar 3 o más positivos y repítelos al menos unas 20 veces, con convicción y fuerza, con la certeza de que tus pensamientos positivos son fuertes y se materializan en su equivalente físico, mientras que los negativos, son débiles, por tanto, se destruyen y desvanecen desde el momento de su aparición.

Edúcate mentalmente, convéncete de que tu mente tiene fuerza, fuerza infinita, como ya te he mencionado, todo absolutamente todo lo que existe, surgió primero en un pensamiento, entonces asegúrate de que tus pensamientos sean exactamente lo que quieres traer a tu plano físico, en todos los campos y asuntos de tu vida.

Luego de que surge la combinación deseo-pensamiento, lo que denomino inspiración, se genera la emoción resultante de la suma de los anteriores, ahí la responsabilidad que tienes de ganar en el mundo de tu inteligencia emocional, ya que, controlando tus pensamientos, controlas también tus emociones y por ende tus acciones o reacciones. Prepárate para dominar y ser el absoluto gobernante de tus emociones, que no sean ellas las que te dirijan, esas vertiginosas emociones que solemos tener los seres humanos en todo momento, las cuales al final estropean todo lo que has ganado.

Para mí, las llaves mágicas que abren esta puerta del autocontrol emocional, no son más que la voluntad, la disciplina y la concentración en el aquí y en el ahora, las cuales hemos ido fortaleciendo en las rutas que te describo en cada capítulo.

Ahora bien, una vez alcanzado este nivel, de manera exitosa y consciente, sin flaqueza alguna, es importante aclarar y organizar el plan de acción, para lograr tu o tus objetivos, si son varios, cada uno debe tener un procedimiento perfectamente ideado, detallado y con una ruta a seguir.

Por ejemplo, puedes comenzar con un objetivo a corto plazo como cambiar tu estilo de vida a uno saludable, para mejorar tu composición corporal. Así pues, dale inicio a la acción, esquematizando los pasos que vas a ir dando, hasta crear tu ruta hacia la dicha en el bienestar físico. Primero apóyate con especialistas, puede ser un nutricionista deportivo y un entrenador, ya con conocimientos y las herramientas adecuadas, se te hará más fácil, al mismo tiempo que te sentirás motivado por el compromiso que has adquirido contigo y con los especialistas que te acompañarán en tu proceso.

Para arrancar con tu esquema, ve al supermercado y compra la lista de alimentos necesarios para cumplir con la dieta que te haya diseñado un nutricionista. Para evitar la excusa de no tener tiempo de cocinar todos los días, comidas más elaboradas y además seguramente pesadas en porciones, entonces te recomiendo que escojas un día de tu semana, el de mayor ocio, así de una vez eliminamos esta terrible pérdida de tiempo, organiza y haz todas las preparaciones de la semana, puedes almacenarlas en distintos envases en el refrigerador, de forma tal, que puedas ir sacando cada día las comidas que te correspondan.

Arma un horario o cronograma de tus actividades del día, recuerda incluir tu nueva actividad física, seguramente esa rutina te quitará entre 60 a 90 minutos al día, si en este momento estás pensando que no tienes tiempo para dedicar más de una hora a tu salud, te puedo decir de dónde la vamos a tomar, de esas 2 o 3 horas mal gastadísimas en las redes sociales ¿Recuerdas? pues si en vez de estar perdiendo el tiempo en estar husmeando la vida de los demás, personas que probablemente ni conozcas, y en millones de noticias desalentadoras del mundo, apaga el celular y dedícate solo 90 minutos para ti, para el ser más importante que Dios ha traído a este plano, es decir Tú.

Una vez que comiences a percibir los cambios, cosa que si haces todo bien, te aseguro no te tomará más de 3 semanas, te sentirás renovado y muy entusiasmado para continuar, cuando te percates que ya te entran los jeans que no usas hace tanto, que se ha desaparecido la acidez, los dolores de cabeza, la incomodidad estomacal y que por fin duermes todas las noches en modo MOR (movimiento ocular rápido, estado del sueño de mayor descanso), agradecerás esas horas ahorradas de las redes sociales.

De este mismo modo ocurre con cualquier deseo, el cual parte de una idea de tu imaginación que si la internalizas, la sientes, incluso la vives, y accionas todos tus recursos, la consecuencia inminente será el llamado éxito, podrás lograr el equivalente material de cualquier cosa que hayas creado en tu mente.

Te recuerdo que absolutamente todo parte de un pensamiento, por tanto es un requisito trabajar en fortalecer tu concentración para lograr dominar todos tus pensamientos o la mayoría de ellos, de aquí la importancia de ir haciendo pequeños cambios en tu rutina, que luego se conviertan en cambios perpetuos y trascendentales, así irás educando tu voluntad y determinación en el momento de accionar para llevar a cabo tu idea, además tendrás la fuerza de hacer caso omiso a cualquier vacilación o distractor bien sea interno o externo, que puedan desviarte de tu ruta al éxito.

Como has visto, los pensamientos pueden surgir de manera consciente o inconsciente, jugando entonces un gran papel la autosugestión o auto convencimiento, es por ello la importancia del uso del poder de la palabra, lo que muchos llamamos decreto, recuerda lo que te expliqué en el 3er. capítulo "Regalos de la Divinidad", donde concluí que los pensamientos y palabras son energía y la energía se traduce en movimiento, sabiendo que tus palabras emiten sonido gracias al movimiento de tus cuerdas vocales, entonces las palabras o decretos tienen energía, lo que nos lleva a pensar que todo lo que pronuncias se cumple.

No sé si alguna vez has experimentado el hecho de decir una mentira, al menos pequeña, y de tanto repetirla terminas por creértela, cosa que le sucede a las personas con la patología mitomanía. Debes tener el control de tus palabras en todo momento, si quieres hacerle entender al universo lo que deseas cumplir en cualquier asunto de tu vida, cerciórate de pronunciar palabras impecables, detalladas y explicitas, según tu deseo, pues el universo no entiende de bromas, solo traerá a tu vida lo que tu energía irradie, asegúrate pues de vibrar en la frecuencia correcta. De Carls Jung aprendí "hasta que no te hagas consciente de lo que llevas en tu inconsciente, éste último dirigirá tu vida y tú le llamarás erróneamente destino"

Una herramienta muy valiosa que suelo utilizar desde niña, no sé si la descubrí por el hecho de ser hija única, es la de actuar y experimentar en carne propia mis sueños, lo llamo **"mis sueños en la escena"**, se trata de una actuación, con diálogos y personajes que formo en mi mente y les doy vida, a través de la puesta en escena de eso que estoy imaginando y quiero alcanzar, lo hago y lo siento mío, lo experimento en mi realidad actual, incluso creo diálogo conmigo misma, en voz alta, los personajes tienen nombres, cumplen sus tareas y así lo imagino. Jugar imaginando la vida que se desea, no le hace daño a nadie. Esta herramienta obviamente la utilizo sola o con los miembros de mi núcleo familiar, me imagino ideando en mi mente los personajes, situaciones, ambientes, objetos, aspectos sensoriales como olores, colores, sonidos y texturas que quiero vivir, e incluso hablando en voz alta dramatizo todo lo que quiero obtener como si ya fuera mi realidad, cosa que puedo hacer a diario sin ningún problema. Por ejemplo, mientras te escribo este libro, a diario repito varias veces, **"Soy escritora y conferencista, con la compañía y apoyo de mi esposo, llego a millones de personas alrededor del mundo, contribuyo a cambiar sus vidas de manera positiva. Como retribución adquiero miles de millones de dividendos, para cumplir mi sueño más profundo, y ayudar a las personas que más lo necesiten"**

Desde ya, sin siquiera haber dado paso a la edición, sé qué quiero alcanzar con la palabra, le transmito al universo mi deseo de la manera más específica y detallada posible. Así la frecuencia en la que vibra mi energía al momento de decretar mi deseo, el universo la capta tal cual, en ningún momento me preocupo por los medios por los que lo alcanzaré, solo tengo la convicción de que todas las fuerzas se alinean para que yo cumpla mi cometido, sin temores ni estrés, pues para mí la incertidumbre y el miedo no son consecuencia de una situación o deseo a cumplir en particular, sino consecuencia de la incapacidad para administrar mi propio sistema. Así solo me aseguro de tener bien abiertos mis sentidos y mi concentración puesta en mis objetivos, para no dejar pasar las oportunidades o vehículos que me regala la inteligencia infinita.

Más allá de hacer uso constante de **"mis sueños en la escena"**, continuamente pienso en cómo idear mi plan de acción, para cualquier sueño u objetivo que se mete entre mis cejas, voy creando rutas, estrategias, y pienso en todas las herramientas mentales y materiales, que necesitaré para llevar todo a cabo, es de suma importancia que una vez aparecido el sueño en tu mente lo conviertas a objetivo a través de un plan y luego comiences a accionar, pronto verás cómo el sueño va tomando su forma al plano físico.

En realidad, lo que experimento durante "mis sueños en la escena", es lo que los expertos han denominado la visualización, que es poner en perspectiva "real", todo aquello que deseas lograr, debido a que esta herramienta es muy poderosa pero eso no la hace poco sensible, es de suma importancia tener una muy fina estrategia en el momento de emplearla, y te sugiero que te asegures de seguir ciertos pasos, que he podido extraer de muchos personajes exitosos que he estudiado con detenimiento. La clave para obtener resultados favorables y eficaces con dicha técnica es equilibrar claramente la unión alma – mente, para lograrlo te presento siete premisas a tomar en cuenta:

1.- **Claridad específica y detallada:** Es de suma importancia tener muy determinado tu objetivo, cualquiera que este sea, debes ser muy detallista en eso que quieres alcanzar, pues el campo cuántico o universo, es el océano infinito proveedor de todas las cosas, más vale que seas específico en lo que quieres, para que él entienda todas las posibilidades y oportunidades que te va a ir enviando, estén en sintonía adecuada con tu deseo (frecuencia correcta), puedes ayudarte de un libro de notas, el cual puedes llamarlo como quieras, diario de sueños, ahí anota, dibuja, esquematiza, todo lo que quieres, y cómo lo quieres, puedes incluir personas, solo debes tener en cuenta que tu deseo es tu responsabilidad no la de nadie más, es decir, el hecho de que lleves a cabo las acciones necesarias para cumplirlo es absolutamente tu decisión y no debe depender de un tercero. No confundas al campo cuántico, céntrate exactamente en lo que quieres con el mayor lujo de detalles que puedas manifestar.

2.- **Sentirte merecedor y capaz:** No existe deseo que se plante en tu mente que no puedas cumplir, debes convencerte y autosugestionarte con ese principio, no escuches a aquellos que no creen en ti, pues pueden hacerte dudar, de ahí la importancia de hacer las cosas en silencio, poco hace el que mucho habla, es mejor ir accionando en tu plan maestro para cumplir tus sueños, calladamente, así no tendrás distractores, te ahorrarás las críticas insanas, la envidia y cualquier sentimiento negativo o discordante con tu fin. Un día un sabio dijo: *"nunca le cuentes demasiadas cosas de ti a los demás, recuerda que, en tiempos de envidia, el ciego comienza a ver, el mudo a hablar y el sordo a oír"*. Tú has sido creado por la mente perfecta, divina e infinita, en ella no hay errores, por tanto, en tu plan divino no pueden existir limitaciones, no eres demasiado pequeño para el imperio que tienes en tu mente, ya que ese imperio es TUYO.

3.- **Vocabulario, el poder de la palabra:** Como ya te he mencionado, las palabras son decretos, es decir, son poder ya que son energía, no puedes ser incoherente con respecto a lo que sientes y a lo que dices, no servirá de nada si trabajas en silencio para elevar tu frecuencia vibracional y al llegar a tu trabajo o al reunirte con tus amigos, la conversación se centra en todo lo contrario que tu mente está deseando y por lo que te estás preparando, recuerda la mente no entiende de bromas, no tiene sentido, haber cumplido con los elementos anteriores a cabalidad, y si tu deseo es tener salud, no puedes estar todo el tiempo dándole fuerza con tus palabras al COVID-19, o si tu deseo es tener riqueza, no puedes estar todo el tiempo sumido en conversaciones de la pobreza mundial, o la de tu país. No me malinterpretes, no te digo que te metas en una burbuja y no puedas conversar con nadie, pues es una realidad presente en la mayoría de las conversaciones, son totalmente contrarias a la labor a que te invito en mi libro, pero ahí también está la parte del reto, tratar de cambiar en el mundo la frecuencia de vibración, para que cada día sean más las personas felices, y dejemos de ver tanta miseria, pobreza, violencia y negatividad alrededor de la humanidad; trata de ser positivo, sé más inteligente cambia la conversación, o cámbiale el tono a uno más optimista, a ese "sí se puede", ya verás como el otro te responde, ¡claro no podemos centrarnos en todo lo negativo, algo bueno se tendrá que sacar de todo esto!. Así conseguirás ir cambiando de a poco la frecuencia, al menos en tus círculos más cercanos.

4.- **No te preocupes tanto por el CÓMO:** Comenzar tu deseo de entrada cuestionando el cómo se hará realidad, ya es una demostración de duda y de poca fe, ya que obviamente, aún no tienes un plan específico y ver la meta sin centrarte en el ahora se te va hacer muy cuesta arriba y de una vez comenzarás a matar tu sueño, créeme el cómo es lo de menos, esa vía se va a ir desenvolviendo naturalmente, una de las leyes universales es justamente la no resistencia, todo fluye y refluye, solo hay que dejarlo ser y hacer, claro nuevamente te recuerdo que no es sentarte a esperar la inmortalidad del cangrejo, debes ir practicando todo lo que hemos hablado hasta ahora de manera continua. Primero es el QUÉ y el PARA QUÉ, luego el CÓMO será revelado, vas a ver visible lo invisible.

5.- Visualizar en primera persona: Así como yo experimento mis sueños en la práctica de **"mis sueños en la escena"** es importante que tú hagas algo similar, vívelo tal cual como lo quieres, no puedes imaginártelo como si un tercero está obteniendo tus sueños, ya que esos deseos son tuyos, así debes experimentarlo y vivirlo. Los humanos solo creemos porque podemos percibir a través de nuestros cinco sentidos, nos cuesta entender lo que no podemos ver, oír, palpar, oler o saborear, y es más cómodo calificarlo como que eso no existe (mentalidad corriente). Es importante que en tu visualización involucres tus cinco sentidos, fantasea con tu visualización, añade colores, formas, figuras, vegetación, paisajes, localidades, muebles, voces, sonidos, palabras pronunciadas, saborea, involucra también aromas, perfumes, texturas, sentimientos, emoción, debes convencer a tu mente de que eso que estás visualizando es real.

6.- **Tiempo de inversión:** Como ya te he mencionado, es importante el tiempo que inviertes en tu visualización y en el control de tus pensamientos, mientras más te conozcas ya te será más fácil el autocontrol del que hemos hablado, y así te resultará más fácil dedicar más tiempo a tus visualizaciones, que el 70% de tu día se centre en eso que tanto quieres, de esa manera además te aseguras de concentrar la mayor cantidad de tu energía en tu propósito, así evitarás acciones, pensamientos y palabras contradictorios a tus deseos por los que has venido trabajando.

7.- **Planificador diario:** La práctica de la planificación diaria, es una característica que conseguí común en la totalidad de los personajes exitosos y afortunados de mis investigaciones, deportistas de alto calibre, que han tenido triunfos, afirman que una de las claves era tener a diario un norte, para así no desviarse de sus metas, ya que todo se crea con práctica, no solo el deseo es suficiente, como ya te lo he dicho, se trata de la constancia, de la insistencia incansable, eso evitará distraerte, y te ayudará a crear los hábitos que al final son los que realmente determinarán tu camino en la vida.

La meditación, los pensamientos, la visualización, los decretos (las palabras), las emociones y sentimientos, las reacciones, la disciplina, el optimismo, la perseverancia y la constancia, el coraje y la valentía, la determinación, la decisión y la acción, son las virtudes que delicadamente alimento a diario, concentro toda mi energía en todo momento para aplicarlo en cada situación que la vida presenta antes mis ojos. Para mí la clave de una vida exitosa, es el equilibrio perfecto y exacto de esas virtudes las 24 horas del día, los 365 días del año, ahí si no podemos tomar descanso, ya que el descanso mismo se encuentra en ese equilibrio, solo ahí está la verdadera paz.

El que suda en la práctica, sangra menos en la guerra, eso aprendí de los espartanos. La calidad de la práctica constante, define la magnitud del rendimiento diario, los retos se ganan con las luces del entrenamiento diario, cuando nadie nos observa.

Sumario
Pensamientos, Deseos, Inspiración, Decretos y Acción

Hasta ahora has visto la importancia de cuidar tus pensamientos y deseos, siempre debes llevarte por todo aquello que te inspira, desde un recuerdo hasta cualquier persona que te mueva hacia tu mejor versión.

A partir de ahí y una vez dominados tus pensamientos, comienza a visualizar y a decretar siempre lo que deseas sin peros, no olvides que el universo no entiende de juegos.

Es importante que aprendas a manifestar todo lo que quieres, solo con el hecho de hacer la correcta y específica visualización te llevará a la fortuna de descubrir el camino y la ruta a seguir para conquistarlo, es como si una lluvia infinita de ideas te va a ir invadiendo cada día, mostrándote el camino paso a paso, que debes ir recorriendo para construir finalmente lo visualizado.

Una vez dominado este territorio, ya estás listo para pasar a la acción, pues un pensamiento sin una esquematización o un plan de acción solo se quedará en un deseo o en un sueño guardado sin cumplirse. Para que logres el equivalente físico de todo cuanto deseas debes llevar a cabo la acción, pues esos pequeños retos diarios, en los que poco a poco vas saliendo de tu comodidad, llevando a cabo las acciones y actividades que te van a llevar a alcanzar nuevas zonas de confort, son las que te van a dirigir a tu sueño materializado.

Descubriendo propósitos

Comencemos por descubrir propósitos de vida, este es un proceso que puede llevarte tiempo, no te desesperes, pues no estás en busca de un producto en el súper, te vas a encaminar a descubrir poco a poco tus propósitos de vida.

Para ello te propongo pienses de la manera más consciente posible que te gusta, cuáles son tus mayores habilidades y talentos, cuáles son tus dones, para comenzar puedes pensar en verbos, relacionando lo que te gusta con acciones, preguntándote en qué eres bueno, o en qué te has caracterizado siempre por hacer bien o sobresalir, puede ser escuchar, hablar, escribir, correr, pintar, cantar, cocinar, crear, ordenar, administrar, reparar, contextualizar, resumir, sintetizar, observar, decorar. Relaciona aquellas cosas que te gusta hacer, que te hacen feliz, dentro de esos verbos, intenta ubicar tu afición, aquellas labores, acciones o actividades que al hacerlas te conectan contigo mismo, con tu centro, aquello que te concede tranquilidad y paz. Si en este punto estás pensando que con eso que te hace feliz no podrás hacer mercado ni ayudar a tu familia y mucho menos ser tan próspero como quisieras, dame la oportunidad de eliminar este pensamiento de carencia de tu mente, y sigamos adelante con el ejercicio, relájate, y no olvides algo, primero debemos ser para comenzar a hacer.

Una vez que hayas identificado esas acciones que te llenan, piensa ahora en un deseo, conecta esos verbos con algo que desees hacer, quizás es un sueño que desde siempre has tenido, relaciónalo con ese deseo, así le vamos a ir dando forma a tu propósito, para ahora pasar a la visualización, a las afirmaciones y poder estructurar un plan de acción masivo, es muy importante imaginarlo con un fin, que genere, aporte o sume a la humanidad.

Quiero ayudarte dándote mi ejemplo, desde pequeña como ya te había contado, me gustaba escribir, además de destacarme siempre desde la guardería en liderar grupos en el salón de clases, me gustaba organizar los juegos con los que nos distraeríamos durante los recreos, y siempre tuve la facilidad y la empatía para que mis amiguitos estuvieran de acuerdo con mis planes, ahí logre identificar una pasión (escribir) y además lo relaciono con unas habilidades descubiertas (liderar y persuadir). Luego, a medida que fui creciendo, esto se acentuó cuando era yo quien organizaba grupos de estudios en mi casa, les explicaba a mis compañeros las asignaturas que más les costaban: física, química y matemática, ahí descubrí que se me hacía fácil llegarles con mis explicaciones, y lograba ayudarlos a entender los contenidos a tal punto que salían con éxito en las evaluaciones. Por lo que pude identificar otro talento, el de comunicar y llegarle de manera significativa a las personas. Como ya sabes mi carrera es Licenciada Química y me desempeñé como docente durante varios años de mi vida.

De este modo comencé a relacionar esos dones con un deseo que desde siempre tuve, escribir, y comencé a visualizarme como escritora, sinceramente al principio (hace unos 4 años atrás) no sabía qué escribiría, de hecho no sabía que lo lograría, aún estaba en una parte muy básica de mi proceso, aún tenía dudas de mí misma, no quiere decir que ya lo haya superado todo, pues sigo en este camino de crecimiento, pero quiero demostrarte según mi experiencia cómo siguiendo esos pasos que te he descrito logré conseguir un propósito a partir de mis habilidades y deseos, los cuales, al identificarlos, organizarlos y relacionarlos con mi pasión real, de servir y ser útil a la humanidad, he llegado hasta aquí, y de alguna manera con mis letras he llegado hasta ti, y si aún sigues leyéndome quiere decir que desde un pequeño pensamiento, deseo e inspiración, he alcanzado a materializarlo, en su equivalente físico (este mi primer libro).

Pasemos ahora al nivel de la planificación y la acción masiva; ahora imagínate llevando a cabo todo lo que ya has identificado como propósito, eso te llevará a visualizarte en el futuro, probablemente un futuro que en la actualidad lo encuentres muy lejano, pero no pienses en eso ahorita, vive el presente para evitar pensamientos distractores como la frustración, la cual he llamado la asesina de sueños, así que aléjalo de tu mente.

Establece un plan de acción, estructúralo desde cero, de la manera más detallada y organizada posible, trata de asignar categorías a cada paso a seguir, dándole distintos niveles de importancia a cada uno, además establece tiempos de ejecución, a corto, mediano y largo plazo, sé específico, escribe fechas y comprométete a cumplir con cada peldaño en los tiempos estipulados. Esos peldaños pueden ser investigar temas, buscar contactos que te ayuden a llevar a cabo cada paso de tu plan de acción.

Tu plan de acción lo vamos a llamar Plan de Acción Masiva, esto lo aprendí gracias al gran escritor Grant Cardone, en su libro *Sell or be sold*. De esta manera quiero que tomes todas las acciones necesarias para cumplir al máximo con cada paso que te has estructurado, esto tienes que hacerlo de manera incansable, eliminando toda excusa, sin mediocridad ni flojera, recuerda que vas a cumplir tus sueños no el de nadie más. Toma las mejores decisiones, no importa las circunstancias, insiste y persiste, hasta que logres cumplir con cada una de las responsabilidades que te has propuesto, para eso organízate, en tu planificador, lleva una agenda, donde anotes todo, citas, llamadas, correos que leer y responder, compromisos, reuniones, investigaciones que debas hacer, lecturas que debas indagar, todo absolutamente todo hazlo con todo tu amor y empeño, busca la perfección y excelencia en cada pequeño detalle, al final lograrás resultados perfectos y maravillosos, con la menor cantidad de errores posibles.

Es de suma importancia que tengas presente que todo en la vida es un proceso, todo conlleva un tiempo de gestación, nuestra venida a este mundo, la cosecha de cualquier siembra amerita esperar un período de tiempo, para obtener el resultado de los frutos también requerirá de un tiempo de espera, para que el carbón se convirtiera en diamante pasaron millones de años, aunado al arduo proceso de transformación bajo condiciones de extrema presión, solo después de la disciplina constante y la persistencia continua es que conseguimos hacer brillar al máximo nuestro potencial más oculto. Ten paciencia y mientras tanto disfruta el proceso, exígete para convertirte en el número uno en lo que sea que vayas a hacer, trabaja constante e incansablemente, demuéstrate a ti mismo que eso que realmente deseas te apasiona, demuéstrale al universo que eres merecedor de tus más ambiciosos sueños, actúa de manera activa y masivamente.

Durante la gestación de los sueños debes alimentarlos actuando de manera activa, si durante los 9 meses el bebé no es alimentado a través del cordón umbilical no llegaría a término, si no regamos una siembra de maíz y la nutrimos con vitaminas y minerales puede que muera y no podremos cosechar la mazorca, lo mismo ocurre con los proyectos, si durante el tiempo de su creación no los nutres actuando activa y proactivamente estos mueren a mitad de camino, por eso vemos tantos sueños rotos o destruidos por doquier, la falta de insistencia, de paciencia y trabajo masivo, son los principales factores de esos fallecimientos. Sé inteligente, aplica lo que yo llamo el elixir del éxito: "la disciplina constante", emplea todo el conocimiento adquirido y practícalo ¡disciplinada y constantemente!

No te conviertas en una enciclopedia humana, sé practicante activo y persistente de los conocimientos que has adquirido.

De vuelta al tiempo quiero traer a nuestra interacción la supuesta "carencia de tiempo" muchos la usan como excusas para esquivar las acciones del cumplimiento de sus sueños. Esto no he podido entenderlo nunca, pues un atleta tiene 365 días al año para entrenar, un escritor muy famoso 365 días al año para escribir, un multimillonario 365 días al año para producir y ganar dinero, un inventor 365 días al año para crear, una ama de cada 365 días al año para hacer de su familia y hogar los más hermosos. ¿Cuánto tiempo tienes tú? Cuando alguien me dice que no tiene tiempo para entrenar, comer saludable, meditar y dedicarse a sí mismo, o a sus proyectos y sueños, nunca le creo. Es bien conocido que en promedio una persona puede pasar 3 horas diarias frente al televisor y otras 3 horas diarias más de ocio en las redes sociales, lo cual significa 131.400 minutos al año, ¿te imaginas cuantos contactos, llamadas o correos de interés puedes contestar en ese tiempo? Suponiendo que cualquier actividad productiva y nutritiva para tu proyecto tome 3 minutos podrías hacer 120 actividades más de las que comúnmente haces, como contactos y relaciones que sumarán a tus sueños y objetivos. Todos contamos con 24 horas al día, 8760 horas al año, solo que no todos las usamos de la misma manera, la idea es invertir el tiempo de la forma más astuta y eficiente posible para nuestros fines. Recuerda ¡Tic Tac, el despertar te espera!

Usa todos tus movimientos para emprender tu vuelo, un día una muy querida y respetada profesora de la universidad me pregunto: -Jenni ¿Por qué siempre te reúnes a estudiar y comer con el mismo grupo?, a lo que contesté: -Profe porque son mis compañeros más cercanos y con quienes me siento más cómoda, además pensé: -¡me parece normal compartir tiempo con ellos, pues estudiamos todos las mismas materias!, ella me contestó: -¡Jenni querida, cambia tu visión diaria, si quieres llegar lejos aprende de quienes estén un paso más allá de ti, sigue a quienes tienen ventaja sobre ti en el camino que quieras recorrer mañana, de ellos no tienes nada agregado que aprender, pues están en tu mismo nivel! Eso me dejó en shock, pues tenía toda la razón, aunque fuesen mis compañeros y los apreciara, estaba perdiendo la oportunidad de conocer a otras personas; en realidad me echó un balde de agua helada que me hizo reaccionar, terminé cambiando totalmente mi perspectiva.

A modo de reflexión, realmente había gastado tiempo valiosísimo compartiendo con quienes claramente tenía un vínculo afectivo y hasta la actualidad ha permanecido, pero de quienes no iba a aprender más allá de lo que ya sabía, así comencé a entender que debía ser más cuidadosa de cómo invertía mi tiempo, tanto en las cosas que decidía hacer cuando me encontraba sola, como también con quien compartía mi tiempo libre, decidí no apartarme del todo de mis amistades y compañeros, pues valoro el equilibrio, pero sí reduje mi tiempo con ellos, para comenzar a relacionarme con personas superiores a mí en edad, experiencias y conocimientos y así tal cual una esponja absorber la mayor cantidad de conocimientos posibles para emprender mi camino.

Comienza tomando nota del tiempo que usas para hacer cosas improductivas y que te resten como: fumar, tomar, vagar por los pasillos, chismear, hablar con otros sobre la farándula o la vida de alguien más, evadir el trabajo o procrastinar pasos de tu plan de acción, escribe todo lo que no aporte a que tú o tus metas crezcan, conviértete en un maestro de los minutos no en su encadenado, tomando en cuenta que tu ritmo y tus tiempos son solo tuyos, tú estás en tu nivel del proceso, no te compares con nadie, para ti este es el tiempo perfecto, no es muy tarde ni muy temprano, estás en el momento perfecto para lograr la vida que mereces.

Ya pasado un tiempo, comenzarás a percibir tu creación, esto te llevará a sentirte cada vez más motivado e inspirado, este será tu motor propulsor para seguir siempre hacia arriba, y en cada paso repítete, sí puedo, soy capaz, soy merecedor, soy el mejor.

Tus resultados serán tan asombrosos y extraordinarios que comenzarán a llover bendiciones que jamás has podido imaginar, y por simple añadidura serán recompensados todos tus esfuerzos.

Por último, midamos el progreso de la madurez emocional que has alcanzado así como de los objetivos y pasos conquistados, es de gran importancia para el logro de una vida de calidad, que sea disfrutable con alegría y cumpliendo nuestros más grandes anhelos.

En lo personal es algo que ha cambiado mi vida y la de muchos de mis clientes y alumnos, observar y poner atención honesta a nuestros avances tanto en la evolución espiritual y emocional, como en los logros exitosos de proyectos y metas, esto nos lleva a reconocernos, a valorar nuestro camino andado, entendiendo así cada enseñanza y sacándole cada vez más provecho, para aplicarlas en todos los aspectos de nuestra vida que cada día queremos seguir mejorando, no olvides que este es un camino, es tu proceso, el cual es muy personal, cada individuo se encuentra en niveles distintos del proceso de desarrollo, por lo que es importante que vivas el tuyo propio, sin compararte, ni tratar de conseguir los mismos resultados de otros, pues tus deseos no son los mismo de los que te rodean, entiende que cada persona tiene senderos diferentes.

Para entender tu avance te invito a realizar una bitácora diaria, lo puedes hacer en tu mismo planificador, reserva una sección, que puedes denominar niveles de evolución, ahí toma nota de cada peldaño que vas logrando, comienza por escribir cada meta que quieras alcanzar, es importante que coloques tiempos a cumplir, así te comprometerás contigo y evitarás excusas, luego escribe el plan de acción a seguir por pasos, de manera ordenada y esquematizada, así será más fácil en el momento de ir cumpliendo con cada tarea.

Por último, escribe tus resultados, todo aquello que vayas obteniendo cada día o semana que te acerque cada vez más a tu objetivo, te sentirás cada vez más motivado al ver cómo crece tu lista.

CAPÍTULO 9

"La imaginación lo es todo,
es una visión preliminar de lo que sucederá en tu vida"
ALBERT EINSTEIN

El Universo y sus Cosas

Algunas veces ocurre que te encuentras en presencia de alguna coincidencia tan extremadamente improbable, que te parece casi mágica. Por ejemplo, la llamada de alguien en quien habías estado pensando y en algunos casos te hace decir: —Te llamé con el pensamiento; una canción en la radio, un número espejo en el reloj (por ejemplo las 03:30 pm o 11:11 am, horas donde se repiten los números); una respuesta que esperabas y la consigues en las letras de un libro; una palabra adecuada en el momento perfecto, quizás viniendo de alguien a quien ni conocías; sucesos que en primer momento parecieran no estar conectados, pero atando cabos de alguna manera logras encajar todo y comienzas a enterarte que todo tiene sentido y finalmente caes en cuenta de que nada ha podido ser casualidad, justo cuando encuentras lo que necesitas en el momento perfecto.

Estas "casualidades", en realidad sucesos mejor descritos por la palabra causalidad, han sido denominadas ya por algunas personas y corrientes psicológicas, como sincronicidades, que según el psicólogo suizo Carl Gustav Jung, es la simultaneidad de dos sucesos vinculados entre sí por el sentido, pero de manera no causal, es decir, que uno no depende del otro. La conexión entre el individuo y su entorno nos dice que cada persona está unida al universo, lo individual y lo colectivo están ligados por significaciones comunes, uno es parte del reflejo del otro, somos y formamos parte del universo. Llegamos de nuevo al punto de la ley de la atracción, donde el propio individuo acaba creando situaciones coincidentes, circunstancias con significados lógicos y valiosos para la persona que la vive y en el momento en que lo experimenta.

Según la hipótesis Gaia, la tierra es un ser viviente capaz de crear y regular las condiciones adecuadas para existir y poder desarrollarse. Fue creada por el químico británico James Lovelock en 1969, siendo apoyada y extendida por la bióloga norteamericana Lynn Margulis; juntos descubrieron, tras estudios de la composición de los gases atmosféricos del planeta tierra (habitado por seres vivos) en comparación con la composición de los gases de otros planetas, que existe una compleja red simbiótica entre los organismos que habitamos el planeta y él mismo, lo que genera como resultado la regulación de la temperatura ambiental, producto de los bucles de retroalimentación entre los organismos y su entorno. Su origen surgió cuando la NASA localizó a Lovelock en 1965, para participar en el estudio del descubrimiento de la posible existencia de vida en Marte. Su mayor reto fue determinar los criterios por los cuales se regirían, para poder detectar cualquier tipo de vida.

La atención de Lovelock fue poderosamente llamada por la gran diferencia que existe entre los dos planetas más próximos, Venus y Marte, con respecto a las condiciones como la composición porcentual de los gases atmosféricos, la temperatura global y la salinidad de los océanos, los cuales han sido regulados por la propia tierra, durante los últimos millones de años o al menos desde la emergencia de la vida.

Es decir, somos nosotros mismos los organismos que habitamos la tierra (la biósfera), quienes regulamos las condiciones de nuestra vida en ella, para hacer de nuestro entorno físico uno más hospitalario entre las especies que conformamos la vida, en conjunto a la reacción que tiene la tierra en sí con respecto a nuestras acciones biológicas naturales.

Por ejemplo, es una realidad comprobada científicamente que el Sol envejece, lo que trae como consecuencia, un aumento en su radiación y por tanto aumento en la temperatura que genera, este hecho ha sido evidenciado en el resto de los planetas, menos en la Tierra donde permanece constante la temperatura ambiental, regulándose además los gases de invernadero en la atmósfera.

Otro de los descubrimientos es la presencia de oxígeno (O_2) en nuestro planeta, ya que la atmósfera de los más cercanos está compuesta principalmente por dióxido de carbono (CO_2) y nitrógeno (N_2). Los responsables de la concentración de oxígeno (O_2) en la Tierra, es la presencia de organismos fotosintéticos, que modifican la composición de la atmósfera terrestre, vertiendo en ella su producto de desecho, es decir, el oxígeno (O_2). Debido a que el oxígeno (O_2) es un gas extremadamente inflamable, el mismo debe estar presente en concentraciones adecuadas, no mayor al 21%, si no habría incendios incontrolables, pero somos la mayoría de los seres vivos quienes, hacemos esa labor, por medio de nuestro consumo de oxígeno (O_2), regulamos las concentraciones. En resumen, nuestro planeta se encuentra en un equilibrio eterno y perfecto, gracias a quienes lo habitamos (la biósfera).

Hemos visto cómo científicamente es comprobado, que nosotros mismos somos los responsables de crear las condiciones adecuadas de nuestro entorno para nuestra existencia y desarrollo, no son más que nuestras propias vidas (nuestras decisiones) quienes nos han llevado por millones de años a donde nos encontramos ahora.

Todo humano, animal, vegetal y mineral de nuestro plantea, participa en una conciencia única, formando una súper estructura de condiciones (la Tierra), que trabaja conjuntamente para el bien común. Todo esto simplemente nos demuestra que somos un sistema interactivo que se "AUTORREGULA" para su existencia, por tanto, todo lo que vives en tu presente es el resultado y la consecuencia de tu regulación. Más vale entonces que comiences a autorregularte, y autodominarte conscientemente.

También entendemos que somos un universo, y que a pesar de que cada quien tiene responsabilidades en sus vidas como individuos, no es menos cierto, que dependemos los unos de los otros. De allí mi deseo de transmitir a la humanidad y particularmente a ti, mi especial lector, la importancia de que evolucionemos en mentalidad, en inteligencia emocional. Para ello me valgo de las herramientas que he empleado a lo largo de mi vida y me han permitido lograr un nivel de autorrealización y felicidad satisfactorio. Deseo compartir mis experiencias contigo, para que puedas alcanzar el mismo o un mayor nivel con éxito.

Si no sabes dónde estás y menos a dónde quieres ir, puedes cometer el gravísimo error de dejarle tu vida a las decisiones del azar; es decir, todos aquellos estímulos energéticos que le envías al universo para lograr modificar tu ambiente a las condiciones adecuadas y poder vivir la vida que quieres, serán decididos por el azar, de esta manera jamás podrás lograr la vida que quieres, de ahí la importancia del autocontrol mental.

Tienes que encontrarle un sentido a tu existencia, ese es exactamente el tesoro que todos desde niños tratamos de encontrar, tratar de entender qué hacemos aquí, con qué objetivo hemos venido, por qué y para qué. Somos seres pensantes y creadores, de allí la importancia de concebir tu proyecto de vida para saber hacia dónde vas, qué tipo de persona quieres ser.

Afina los planes que has trazado, para cumplir toda aquella razón de existencia, que desde siempre ha estado en tu interior, con una buena estrategia, para asegurarte de ir en dirección al destino que realmente deseas y no en sentido contrario, o peor aún ir trastabillando dentro de la trampa del azar de la vida.

La gente de éxito sabe exactamente dónde está parada: en el presente y también sabe dónde quiere estar en un futuro, incluso de corto, mediano y largo plazo. Más allá de ese conocimiento, tienen un plan bien ideado, para poder alcanzar ese futuro deseado.

Proyéctate a corto, mediano y largo plazo, si lo haces en compañía de tu pareja es mucho más efectivo, si has tomado la decisión de vivir en pareja, no hay nada más exitoso en el matrimonio que hilvanar objetivos comunes, hacer planes juntos donde ambos se ayuden y dediquen su energía, es una de las claves para alcanzar el éxito, además afianzarán su relación, se enamorarán cada día más.

Es de suma importancia que tengas un norte, el cual hoy es un sueño, no puedes subestimarlo porque ese es tu objetivo, en algún momento los grandes exitosos de hoy fueron grandes soñadores y trabajaron con base en esos sueños, creyeron en ellos, los alimentaron e insuflaron vida desde el primer momento que aparecieron en sus pensamientos, y dedicaron toda su energía para traerlos al plano físico.

Así como nos dice la hipótesis Gaia, trabaja interactivamente, para crear todas esas condiciones óptimas, con la finalidad de lograr un mundo más habitable, placentero y cercano a ese sueño, que al final es tu realidad de vida. Comienza a vibrar con la frecuencia asertiva, en la que quieras que tu entorno vibre, para que por ley divina de atracción, lleguen a ti las oportunidades perfectas, activa tu concentración en todo momento para no derrochar ninguna señal, nutre y protege tus sueños para que no se queden solo en deseos y se conviertan en su equivalente físico, a través de tu plan específico.

Proverbios 4:23 *"Cuida tu mente más que nada en el mundo, porque ella es fuente de vida"*

Nunca olvides que tu mentalidad determinará tu realidad, aquel que sigue a las mayorías, tendrá un resultado común, así que desecha el pensamiento ordinario como la pereza, la mediocridad, el conformismo, el no puedo, cámbialos de inmediato y obtén resultados extraordinarios. Si tu presente es diferente a tu pasado, indiscutiblemente tu futuro será diferente a tu presente, conscientemente elige tus pensamientos y toma las decisiones correctas para cultivar el futuro que deseas en cualquier asunto de tu vida.

Si quieres modificar los frutos, debes modificar entonces la semilla. No puedes esperar cosechar maíz si siembras arroz.

La riqueza debe ser una consecuencia, y no una obsesión, busca primero tu riqueza interior (la semilla) y la riqueza exterior será la consecuencia (los frutos).

El universo tiene una forma de comportarse que para el humano puede parecer muy peculiar, en el campo cuántico todo es energía y dependiendo de la cantidad de la misma, podremos percibir la materia (energía densificada), es decir, mientras más baja es la frecuencia de vibración menor es dicha energía, la materia es más compacta y sus átomos están dispuestos de manera muy ordenada, cuestión que los químicos llamamos neguentropía, estado en el que la energía presente en la materia se dispone a un mayor equilibrio y orden.

A medida que va aumentando la energía (frecuencia vibracional entre átomos) ocurre una expansión de la energía y dejamos de percibir, así por ejemplo al convertir el agua de estado sólido (con energía densa, menor energía debida a la menor vibración molecular), a estado líquido y por último a estado gaseoso (ya no podemos ver el agua) estado en el que la energía se libera, se abre paso al opuesto de la neguentropía, lo que los químicos denominamos entropía, estado energético de la materia de mayor caos y desorden (mayor frecuencia vibracional). De modo similar funciona el campo cuántico presente en el cosmos, el gradiente de expansión de la energía aumenta a medida que aumentamos esa frecuencia de vibración, por lo tanto, ya no lo podemos percibir con nuestros sentidos, pero eso no significa que no exista o que no se encuentre ahí presente. De ahí la importancia de estar continua y constantemente ocupados por aumentar nuestra frecuencia de vibración, independientemente que no podamos verla pues esa realidad de mayor frecuencia vibracional existe de igual modo, y le han asignado distintos nombres, algunos la llaman, la Fuente, el Creador, Dios, Alá.

Así pues, para ahora obtener el efecto inverso, condensar la energía expandida o liberada, hay que modificarla para poder hacerla palpable y visible por el ojo humano, a lo que denominamos el equivalente físico de los deseos o pensamientos.

Uno de los pasos que he encontrado más amigables para este proceso de condensación de la energía lo he venido describiendo en los capítulos anteriores de este libro. Sin embargo, lo más importante a tomar en cuenta es que antes de cualquier cosa *"hay que ser para lograr hacer"*.

Siendo primero es que alcanzarás cualquier objetivo.

Solo aquellos con una actitud promedio, la multitud, lo ordinario, afirmarán que esta forma de comunicación con el universo es imposible, pues sus propios límites, miedos, falta de voluntad y carencias en la autoconfianza, son las que mueven a las personas con esas características.

Los puntos energéticos transforman tu vida, la energía lo es todo, así lo demuestra la mecánica cuántica, rama de la física que estudia la materia a escalas espaciales diminutas, basando su observación en el estudio del comportamiento de partículas atómicas, subatómicas y en la interacción de estas con la radiación electromagnética, radiación que puede ser absorbida o emitida por dichas partículas, la cantidad mínima de energía que la materia en cuestión emite o absorbe es denominada *quantum* de energía, de forma que lograron demostrar que la transferencia de energía se hace de manera discreta. En los procesos de interacción de los *quantums* con la materia presentan la particularidad de comportarse como una onda o como una partícula, comprobándose además que la energía se puede transferir desde una onda (imperceptible) a una partícula (materia perceptible).

Sumario
El universo y sus Cosas

Es una gran verdad, aunque muy misteriosa para la mayoría de los dormidos, que el universo se rige por leyes perfectas, hasta ahora he descubierto siete (7) leyes maravillosas, a través de mi curiosidad, estudio e investigaciones en el campo y las diferentes experiencias, aplicándolas en mi vida cotidiana.

Tus ojos comienzan a percibir todo un paraíso cuando entiendes realmente cómo es el juego del universo y cómo jugarlo. Lograr entender su idioma y la forma de comunicarnos con la fuente infinita de luz creadora, es la forma más divina de vivir.

Cuando logras sintonizarte con esta energía, es cuando comienzas a valorar tu paso por la vida, terminas entendiéndolo todo, una vez que encuentras la llave de la comprensión divina, de la Fe, es muy difícil dejar de vivir sin utilizarla.

Así como el proceso de condensación del vapor en agua líquida, proceso mediante el cual somos testigos de la conversión de vapor (invisible) en agua líquida, su forma física visible, del mismo modo tenemos que lograr concentrar toda la energía que nos provee el universo en nuestra mente, deseos y sueños. Yo defino esa energía como la suma de todas las ideas, pensamientos, metas o proyectos que se siembran en nuestra mente y corazón, y que se van desenvolviendo dentro de nosotros casi de manera mágica y muy natural, para llevarlas a la realidad, esto es lo que defino como el arte de condensar la energía inspiradora logrando así la realización física o material.

Quiero explicar mejor el significado del gradiente de expansión de la energía, del que ya habíamos hablado. A medida que esta se expande o libera, momento en que es invisible pero existente y presente (recuerda que el hecho de que no puedas ver algo no quiere decir que no exista o sea falso, solo que nuestros sentidos humanos no pueden detectarlo), su frecuencia aumenta, fenómeno que no podemos detectar, contrario al zancudo el cual puede detectar frecuencias correspondientes al infrarrojo (calor) y que nosotros no podemos, dado que solo vemos en la porción visible del espectro, lo cual no quiere decir que dicha parte del espectro electromagnético no exista (Ver Espectro de radiación solar). Aunque el ser humano no puede ver la radiación infrarroja (IR) igual puede sentirla en forma de calor.

Figura 1. Espectro de radiación solar

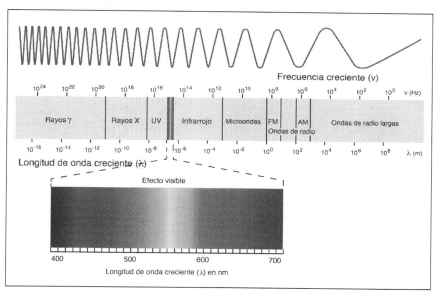

Fuente: http://www.gaiaciencia.com/

Para controlar la energía liberada o expandida hay que condensarla y hacerla visible y perceptible por los sentidos humanos, de ahí la importancia de aumentar nuestra frecuencia de vibración hasta alcanzar una frecuencia mayor. Para lograr este objetivo, debemos afianzar la actividad descrita en el capítulo ocho, recuerda: la acción masiva; debes invertir toda tu energía en hacer realidad tus ideas y sueños, implementando los procesos que creaste en tu planificación.

Aquellos en quienes reina la mediocridad, dejándose arrastrar por el promedio, la multitud y lo ordinario, son los que entran en desesperación, sin respetar los tiempos de gestación, pasan a la frustración y finalmente al abandono, por eso vemos en la mayoría de los casos, la muerte inminente de los sueños y proyectos. Es importante agregar, que debes mantener una actitud entusiasta en todo momento, pues la adversidad no es ajena a nuestra realidad, no te dejes engañar por los contratiempos o los pequeños tropiezos que puedas tener en tu camino, siempre piensa en dar pasos extras para ser extraordinario y ganarle así a cualquier revés que vaya en contra de tus metas. A medida que crezca tu ambición o la meta a alcanzar estos obstáculos serán mayores, obsérvalos más bien como un indicador que te irá diciendo qué tan lejos has llegado, pues los retos y responsabilidades serán cada vez mayores, son simplemente eso indicadores, no te canses, mucho menos te des por vencido, eso jamás.

Solo con una actitud optimista y entusiasta podrás ponerle freno a las tormentas que naturalmente tendrás que afrontar durante el proceso, las nubes negras son parte de los días del año, las espinas son parte de las hermosas rosas, acepta cada contratiempo como un escalón que ha llegado en el camino hacia la cima, donde la vista es radiante y perfecta.

Condensando la energía universal de invisible a visible

Haz un mapa de tu vida, escribe donde quieres verte en los próximos diez (10), veinticinco (25) o cincuenta (50) años, ¿dónde quieres vivir?, ¿cómo quieres que sea tu estilo de vida?, ¿cómo quieres que sean tus relaciones interpersonales, la relación con tu familia, tu conexión con El Creador?, ¿cómo quieres que sea tu situación financiera?, ¿cómo quieres estar en tu campo laboral o profesional? Diseña un mapa de propósitos claros y bien definidos que te impulsen a trabajar en tu destino deseado.

Incluye imágenes de esos planes que te ayuden a centrarte, para poder ir creando en tu mente las distintas rutas que vas a tomar para lograr alcanzar cada meta, recuerda paso a paso de menos a más, la clave está en la perseverancia y no en la frustración, todo sueño por grande que sea siempre comienza siendo pequeño y a medida que se trabaja en él se irá desarrollando hasta llegar a ser el imperio en el que lo quieras convertir, ten paciencia, amor y dedicación constante.

CAPÍTULO 10

"Cuanto mayor sea tu nivel de energía, más eficiente será tu cuerpo.
Cuanto más eficiente sea tu cuerpo, mejor te sentirás y más utilizarás tu talento para producir resultados sobresalientes".
TONY ROBBINS

Conozcamos el Idioma del Universo en 7 Sencillas Leyes

Estas enseñanzas son milenarias, se conocen en varias religiones, poblaciones, y datan de más de 5.000 años, desde el Antiguo Egipto, India y hasta la Antigua Grecia, todas tienen como denominador común, estas 7 leyes espirituales del universo. Religiones como el judaísmo, el catolicismo, el budismo, basan sus principios, alrededor de estas leyes ancestrales. Las tres primeras leyes son inmutables, no pueden ser cambiadas, las otras cuatro, sí pueden experimentar cambios, dependiendo de la forma en que se presente la situación y estas sean empleadas, vamos a pasearnos una a una para entender mejor y comenzar a conocerlas.

1.- Ley del Mentalismo: El todo es mental, el universo es mental, lo que piensas se manifiesta. Esta ley se le atribuye a Hermes Trimegistro ¿Quién alguna vez no se ha preguntado por qué a esa persona que conocemos le ocurre tal o cual situación a pesar de no quererla?, este principio tiene la respuesta. Todo lo que vemos en el exterior, es un reflejo de nuestro interior; dicho de otra forma, tú eres el responsable de tu realidad, tú mismo has creado tu realidad, somos nuestra propia proyección. Si comprendes que todo lo que se desarrolla en nuestro exterior no lo podemos cambiar, sino desde nuestro interior (los pensamientos) ¡enhorabuena! has comprendido la primera ley universal, el mentalismo.

El ser humano está creando constantemente la realidad en la que vive, por eso es tan importante que no iguales tu energía a la de nadie, mantén la tuya en ALTO, en la misma del universo, para que entienda cuál es la realidad que quieres atraer para ti, y así todo se canalice hacia ti.

El universo está esperando para derramar sobre nosotros la plenitud de sus bendiciones, mientras estamos sumergidos en nuestros pensamientos, dejándonos llevar por ellos, sin darnos cuenta, que son justamente nuestros pensamientos las peticiones directas al universo, y, por ende, tienen la facultad de crear la realidad en la que vivimos.

Vivimos y somos parte del universo que fue creado por la mente, si modificamos nuestra mentalidad, cambiamos nuestra realidad. Aunque esta actividad no resulte del todo sencilla, solo con la práctica se puede evidenciar, pues nuestra mente racional, que está formada por conceptos, creencias, tabúes y limitaciones, ya sea por el medio en el que nos hemos criado y en el que nos desenvolvemos en la actualidad, son incluidas sin darnos cuenta por lo que hemos visto de nuestros antecesores.

La mente racional o consciente, nos mantiene en la rutina en nuestra realidad conocida y de la que nos podemos dar cuenta. El temor a los cambios, los miedos, eso que nos empuja a buscar constantemente justificaciones y explicaciones a todo, muchas veces está regido por represiones que se alojan en el inconsciente, experiencias traumáticas que algunas veces nos paralizan sin dejarnos actuar y que tampoco podemos explicar. El inconsciente no aborda de manera lógica el lenguaje y la forma de actuar del universo, resultándole así difícil o imposible crear su realidad, a través del sistema de los pensamientos.

Has experimentado alguna mañana en la que te paraste tarde, porque sin querer pensaste que le diste a posponer al despertador, y en realidad lo desactivaste, y de la nada te paras asustado porque sabes lo que ha pasado, sales volado de la cama, te medio acomodas para llegar a tiempo a tu trabajo o destino, y en cuanto sales el tráfico, está de locos, te desesperas, comienzas a ver tu reloj paranoicamente, mientras estás atascado en la vía, se te comienzan a pasar los minutos rapidísimo y obviamente terminas llegando muy tarde.

De entrada, tienes una llamada de atención por tu retraso, claro que no tuviste tiempo ni de dar los buenos días, y gracias a este fatal comienzo, terminas con una mañana totalmente atropellada, donde prácticamente todo ha salido mal, y al final te sientes agotado sin energías, ya que probablemente no te dio tiempo de desayunar ni de tomar un vaso de agua, solo por 5 minutos más de sueño.

Ahora te pregunto, ¿qué crees que continuará pasando los siguientes días de la semana?, ¡ya estando predispuesto porque tu día fue un desastre!, y en vez de detenerte a pensar al despertarte al día siguiente, ya comienzas a estresarte porque seguro el tráfico estará como ayer insoportable, y así continuará siendo una cadena de nunca acabar, ya que la mayoría de tus pensamientos, como ves, los centrastes en todo lo negativo que te pasa en la rutina, en vez de dedicar un instante a respirar, mirar al menos 5 minutos al cielo, a tus familiares, a tu mascota o cualquier cosa que te conecte con tu ser, con tu realidad, con Dios, para comenzar a agradecer y de a poco ir cambiando toda esa frecuencia bajísima y súper densa, a una más alta donde seguramente desearías estar.

Pues así funciona el mentalismo, en lo que más enfocas tus pensamientos, ahí estará tu realidad. Si tienes algún malestar físico, no debes pensar en ello, todo lo contrario, controla tu pensamiento y dirígelo a lo que deseas sentir, bienestar, comodidad, salud, energía, alegría.

Si no eres consciente de que eres lo que piensas y que puedes crear tu realidad, es imposible el cambio. Creer es crear.

Debes tener la intención de cambiar desde tu interior, de observar cada pensamiento sin juzgarlo, ni tratar de justificarlo, una vez formado en tu mente, si no es lo que deseas déjalo ir sin darle fuerza, cámbialo por lo que quieres, no olvides que el concepto de bueno o malo lo ha creado el hombre, por lo tanto, ningún pensamiento es bueno o malo, sencillamente aparece y ya, si este se encuentra en sincronía con lo que quieres, perfecto, proporciónale más fuerza, si por el contrario no lo está, déjalo ir sin más. Llévalo a la práctica, entrenando tu mente, callando el ruido mental y preparándote para crear con la mente consciente (SER).

Ley del mentalismo en la práctica, desde mi experiencia: Tu vida debes entenderla como un reflejo en el espejo; es decir, así como para saber si estás bien o mal vestido, debes verte antes de salir de tu casa en el espejo, si el reflejo que ves no es de tu agrado, tu acción será cambiar tu atuendo. Del mismo modo ocurre en nuestra vida, debes ver el reflejo en todos los aspectos que la conforman y por todas las aristas, en la salud, las relaciones familiares, relaciones de pareja, amistades, finanzas, profesión, académico, negocios o laboral, la manera más apropiada de hacerlo es primero conociéndote, de aquí la importancia del autoconocimiento y descubrirnos, además debes ser totalmente sincero y transparente contigo mismo, debes tener el coraje y el valor de asumir aquello que está mal en cada aspecto, solo de esa manera podrás tomar acción y podrás comenzar a cambiar esas realidades que no concuerdan con la realidad de tus sueños. Para ello debes comenzar por cambiar el programa mental que traes, a esta tarea le llamo desprogramación o formateo mental, debes desaprender todas esas costumbres y creencias que hasta ahora han construido tu realidad actual.

Si de pequeño tus padres te dijeron que no caminaras descalzo porque te podían entrar parásitos por la planta de los pies y podías enfermar, aunado al tono con el que te lo decían, de completa convicción y preocupación por tu salud, en tu cerebro se grabó el chip de que caminar descalzo es malo, y aunque amas caminar descalzo, no puedes hacerlo por unos supuestos parásitos. Sin embargo, cuantas personas no caminamos descalzos y no nos pasa absolutamente nada, pero tu programa mental, en todo momento va a buscar defenderte de todo aquello que pueda hacerte daño o ponerte en peligro.

Partiendo de esa situación, imaginemos que, en alguna ocasión, de paseo por la playa, te toca subir descalzo a una lancha. Automáticamente se activarán todas las alarmas, mecanismos de defensa para salvaguardarte, e inevitablemente aunque estés pasándola bien entre amigos, vendrá una preocupación a tu cabeza, lo que desencadenará una emoción que posiblemente tenga su origen en el inconsciente, la del miedo, cosa totalmente lógica pues el cuerpo humano está diseñado para la supervivencia, si no detienes estas reacciones probablemente tu sistema inmune se deprima, y como resultado, aunque haya parásitos en la lancha, tú serás el más afectado, mientras que los otros que estuvieron ahí contigo, no les pasó absolutamente nada. Esto nos dice que se puede enfermar el cuerpo por una situación emocional, así de poderosa es la ley del mentalismo.

Del mismo modo ocurre con todo en la vida, por eso no es de extrañarse que haya tanta gente que fracasa una y otra vez en sus relaciones amorosas, mientras otras son totalmente exitosas, unas han fracasado en las finanzas y otras son multimillonarias, así mismo a nivel académico o en cualquier objetivo que por pequeño que sea, fracasan una y otra vez tras tantos intentos. Estas decepciones al final son la consecuencia de la infinidad de límites mentales que nos han impuesto nuestros antepasados y la sociedad que aún continúa haciéndolo. En respuesta debes recanalizar tu mentalidad, reconociendo la realidad que tienes, borrar esa parte del chip que no te deja avanzar, comenzar a crear una nueva forma de pensar, centrando tus pensamientos en todo aquello que ahora quieres construir, para que como resultado comiences a observar reflejada esa nueva realidad que quieres ver en tu vida.

Así interpreto lo que Dios trata de explicarnos en el libro del Génesis 3:3-19 del Antiguo Testamento, *"No deben comer frutos del árbol que está en medio del jardín, ni siquiera tocarlo porque si lo hacen morirán"*. Comer del fruto del árbol prohibido, significa caer en esos patrones tóxicos, que condicionan y recortan tu mente, y en consecuencia obviamente morirás, pues no podrás disfrutar del paraíso prometido, con tantas limitaciones no podrás alcanzar el plan divino por el que has venido a este mundo.

Una creencia falsa y limitante, crea un paradigma, que condiciona tu mente y te limita a creer en ti, impidiéndote soñar, porque seguro pensarás que eso es muy grande para ti y no eres merecedor, porque provienes de un país pobre, o porque no naciste en una familia adinerada, o porque no tienes el capital en el momento, o porque no cuentas con las herramientas, o con el espacio suficiente.

Cuando Walt Disney decidió hacer el primer largometraje de la historia de los dibujos animados, y ese rumor se regó por la prensa, muchos en la industria del cine predijeron que sería la ruina de la compañía, hasta el punto de bautizarlo como "El disparate de Disney", la producción de este tuvo un costo de $1.5 millones, el triple de lo presupuestado. Sin embargo, él borró cualquier creencia limitante de su mente, y solo continuó con sus sueños. Así le dio vida a Blancanieves y los siete enanos, estrenándose en diciembre de 1937, entre alabanzas de la crítica especializada y el público. La película fue la más exitosa de 1938 y para mayo de 1939 había recaudado $6.5 millones, lo que la convertía en el filme sonoro más triunfante hasta la fecha.

Esos paradigmas creados por falsas creencias deben romperse y para ello debemos estar conscientes y reprogramar la emoción consecuente. Estoy segura que cuando Walt Disney se planteó el proyecto, en su interior reinó en todo momento el entusiasmo, renunció a toda crítica y siguió la voz de su alma. Esto puede ser logrado solo con personalidad, determinación, fuerza de voluntad, un norte claro, un plan específico, autoconocimiento, autocontrol y toma de decisiones acertadas, junto a acciones masivas. En ese momento, el universo comenzará a sincronizar el campo cuántico, bajo tu campo electromagnético, y así atraerás todo por lo que estás trabajando, te llegarán cada una de las llaves para abrir todas las puertas necesarias, y así cumplir con tus propósitos.

Comienza poniendo en práctica cosas sencillas, de esta manera lograrás convencerte de esa realidad, sembrarás esa nueva semilla en tu pensamiento y comenzarás a ver drásticamente, cambios extraordinarios en tu día a día, en cada aspecto de tu vida.

2.- Ley de Correspondencia Inmutable: Esta magnífica ley recita que así como es arriba es abajo, como es adentro es afuera. No hay separación, todo en el universo está unido energéticamente.

Analicemos un poco, comenzando por el nombre de la ley "Correspondencia Inmutable", nos refiere a que toda acción tiene una reacción, todo afecta todo, todo está inevitablemente conectado, lo que deseas a tu prójimo te lo deseas a ti mismo. Lo que das recibes, lo que entregas obtienes.

Tan sencillo como que no puedes esperar sonrisas si tu cara es de desprecio, así como irremediablemente si das amor, el mismo sentimiento vendrá de vuelta a tu vida, se desplaza hacia ti desde cualquier lugar y en cualquier momento: Si das amor recibirás amor. Por esta misma razón, cuando andas por la vida lanzando odio, malas palabras, malos deseos y enfocas tus pensamientos en todo lo negativo que te pueda rodear, como resultado obtendrás el equivalente físico a toda esa tormenta de pensamientos, emociones y acciones.

En mi vida esta ley la he traducido como "la magia del dar", es impresionante, y estoy segura que alguna vez lo has experimentado. Cuando damos algo sin deseo de recibir algo a cambio, o con un mayor reto, dar cuando no tenemos mucho de eso que ofrecemos, de manera mágica y misteriosa llega a nosotros lo mismo o multiplicado.

Es la maravillosa magia del dar, prácticamente milagrosa, y es real. Despreocúpate, desapégate de todo cuanto posees, no adores ni seas esclavo de tus bienes materiales, si está en tus manos ayudar hazlo, atrévete, hazlo sin miedo, pues el miedo demuestra mentalidad de escasez, nunca olvides que el universo es abundancia, mientras más des, créeme más vas a recibir.

Con la acción de dar confiada y generosamente, emites la energía perfecta de la abundancia, y como correspondencia obtendrás de igual manera a toneladas.

3.- Ley de Vibración inmutable: Esta ley nos indica que nada está estático, todo se mueve, todo vibra, cosa que la ciencia ha demostrado a cabalidad, todo lo que existe, incluidos los pensamientos como ya hemos visto, está en constante vibración a determinadas frecuencias.

En realidad esta ley nos explica el idioma del universo, él no se comunica a través del lenguaje como estamos acostumbrados, basta con observar detenidamente la naturaleza (nuestro planeta, el cual es parte del sistema del universo), todo fluye con energía, el día, la noche, el agua y sus ciclos, la fauna, la flora, absolutamente toda la comunicación universal se basa en la frecuencia de vibración, por eso una y otra vez te insisto en el control de tus pensamientos, palabras, emociones, sentimientos y acciones, ya que finalmente así lograrás estar en sintonía constantemente con la vibración, que decidas emitir al universo, y este en respuesta te enviará exactamente lo que necesitas.

Balancear constantemente tu energía, es de suma importancia para entrar en el juego de la vida de manera placentera y exitosa en todos los ámbitos.

Debes eliminar de manera radical de tu vida, todo aquello que te saque de este estado de vibración positiva, o de manera muy inteligente hacerte consciente de que las personas, ambientes, situaciones, que desencajan ese nivel de frecuencia vibracional, llevándote a vibraciones de bajo nivel, es decir, las vibraciones típicas de la multitud, no te pertenecen, no son tu realidad son la realidad de alguien más que a diferencia de ti, sigue dormido o sencillamente no le da la importancia adecuada a la vibración de sus energías, con esto me refiero a las energías emocionales, energías en las palabras, energías de pensamientos, energía en las acciones.

Como ya hemos visto semejante atrae a semejante, tu energía diaria atraerá irremediablemente a ti todo lo igual, si estas deprimido y cabizbajo, constantemente habrá más negatividad y motivos de depresión en tus días. Así que anímate constantemente, aplica activamente todo lo aprendido en estas líneas para equilibrar tu energía y hazle saber al universo la vida extraordinaria que necesitas y que te mereces, no lo confundas, si piensas en abundancia, habla en abundancia y actúa en abundancia.

No estropees con tus palabras, lo que tu corazón y mente ya han sembrado en abundancia. No puedes esperar riquezas si centras tus conversaciones diarias en la situación económica, en los millones de empresas quebradas por la pandemia, en la escasez de productos. Sé el distractor y disipador de este tipo de conversaciones, ayuda a quienes te rodeen para aumentar también sus vibraciones, y de la manera más sutil y sigilosa cambia la tónica de la conversación, hacia las cosas positivas que toda situación siempre tiene, no olvides el cliché, veamos siempre el vaso medio lleno no medio vacío y enfoquemos siempre todo hacia lo positivo y bueno de cada situación.

4.- Ley de Polaridad mutable: Nos dice que todo es dual, todo tiene un polo positivo y un polo negativo, todo tiene su par de opuestos, todo los opuestos son iguales en naturaleza, pero distintos en grado. El calor y el frío parecen opuestos, pero en realidad son de la misma naturaleza, pero en grados distintos, igual que la luz y la oscuridad o el amor y el odio, la paz y la guerra, la energía y la materia. No puede existir uno sin el otro.

En función del grado de polarización en el que nos encontramos, vivimos la vida de una u otra manera. Es tan potente este principio que es capaz de crear el grado de felicidad o desdicha de lo que podemos disfrutar más o menos, en nuestra existencia.

De tal manera, podemos deducir por intuición, que cambiando la polaridad en la que estamos enquistados dentro de un concepto vital determinado, estamos cambiando lo que ocurre en nuestro devenir diario.

Esto tiene mucho que ver con la ley de causa y efecto, ya que, al cambiar la polaridad de un concepto estamos creando también causas que producirán efectos distintos a los conocidos durante la estancia en el polo actual.

Todo ello es posible, gracias a que todo lo creado es mental. Debemos estar tan alegres y contentos por existir bajo estas leyes, que realmente son dignas de dar las gracias al Todo, por crear algo tan perfecto, tan sutil y potente a la vez.

La pregunta importante entonces es, ¿Cómo polarizarnos en el extremo opuesto para transmutar los efectos del actual? La respuesta radica precisamente en la sabiduría que debemos adquirir y la necesaria para crear realidades deseables frente a las indeseables. Para ello, Dios nos ha dado la voluntad, una poderosa herramienta de libertad. La voluntad es una energía gobernada por el Ser que es capaz de mover montañas, separar las aguas y cambiar la vida de las personas, si y solo si, son conscientes de su existencia. Desde esta aseveración podemos, con voluntad, transmutar los efectos que nos causa la polarización negativa de un concepto vital en dicha absoluta dentro de ese propio concepto.

Imaginemos por un momento una persona que siempre está en bancarrota, aun cuando gana el suficiente dinero para vivir cómodamente. Si estudiamos sus acciones cotidianas, de manera inmediata observaremos que la mayor parte del dinero se le escapa en compras compulsivas o en juego, dando lugar a una polarización negativa, extrema en el concepto de conservación del dinero.

Esto nos conduce a afirmar, que mientras siga polarizando sus pensamientos y energías en ese grado extremo, nunca va a tener dinero, gane lo que gane.

Teniendo claro el concepto del grado de polarización, la importancia ahora radica en que aprendas a transmutar los efectos negativos de cualquier asunto en algo positivo. Para ello debemos analizar, las diferentes acciones cotidianas que conducen al individuo en cuestión, al gasto compulsivo, primer panorama, si recibe masivamente dinero, a través de su sueldo, por ejemplo, lo que le causa una sensación de abundancia, cosa que le hace pensar que puede gastar dinero en grandes cantidades. Segundo panorama, asistencia habitual a tiendas de su agrado para ver las últimas novedades en tecnología, ropa, decoración, lo cual le produce un éxtasis que culmina en la adquisición, de más, aunque no lo necesite para nada. Tercer panorama, el deseo desenfrenado de asistir a locales de juegos, bingos, casinos, lo que sostiene en su mente la idea de recuperar lo derrochado con lo anteriormente expuesto y que acaba dejándole de nuevo sin dinero.

Todo esto, en sí mismo, no es ni bueno ni malo, pero está demostrado que lleva por la calle de la amargura económica, mental y emocional a millones de personas en todo el mundo. Casos y ejemplos que deben ser descartados de tu vida y de tus decisiones, de esta manera no repetirás este tipo de patrones de falta de dinero. Si logras identificar las diferentes acciones para cambiar la polarización y transmutar los efectos a través de la voluntad, que en este punto, ya debemos haberla afinado más, lo que me lleva a pensar que seguramente ya lo estás incluyendo en la mejora de tus hábitos, con el sencillo y consciente control de tus pensamientos, lograrás cambiar de polo, en tal sentido pensando en abundancia, disfrutando de ella sanamente, nunca pases por alto dar las gracias por tenerla a tu disposición, para lo que realmente necesites, con la convicción y la fe de que cuando tengas alguna necesidad material, simplemente los medios estarán a tu disposición.

Para asegurar tu disfrute sano de la abundancia, cuando detectes que aparece la intención de llenar algún vacío con compra compulsiva, cuando sientas que tienes algo extra de dinero, no vayas a las tiendas que sueles visitar a menudo, excepto cuando hayas satisfecho antes todas tus necesidades básicas, pues también es importante actuar bajo la premisa de la abundancia, como hemos visto el universo no escatima, la clave está en el equilibrio y el control de tus decisiones.

Durante la aparición de las ganas de jugar, cosa que personalmente considero y catalogo derroche total de dinero, simplemente toma acciones y no vayas a los sitios en los que sueles jugar, evita los extremos y los vicios, siempre que sea una actividad recreativa, y bajo tu control no tendrás mayor problema, disponte a tomar conciencia de tu límite en todo momento.

Todo esto aparentemente parece muy fácil, pues solo se trata del autocontrol, el principio de polaridad es obvio en su esencia y poderoso en su desempeño. Tan poderoso que con una obviedad podemos cambiar y transmutar desde una vida llena de precariedades y carencias de todo tipo, a una de abundancia en todo su sentido.

5.- Ley del Ritmo mutable: Esta ley promulga la verdad de que todo lo creado se mueve como un péndulo. Todo fluye y refluye, todo tiene sus periodos de avance y retroceso.

En el universo no existe nada, materia o energía, que vaya en una sola dirección. Todas las cosas están sujetas a un proceso de ida hacia un sentido y, en igual medida, de vuelta al punto origen. Todo sube o baja, todo oscila como un péndulo, ciclos económicos, en las olas del océano, en el vaivén de los éxitos y fracasos.

Es interesantísimo el conocimiento profundo y manejo de esta ley, su comprensión y posterior manipulación permite al ser humano tomar las riendas de su vida, convirtiéndolo en dueño de su destino. Íntimamente relacionado con el Principio de Polaridad, el Principio de Ritmo puede ser evitado en su estado negativo, mediante el posicionamiento consciente, aplicando las técnicas de polarización adecuadas. Es una oscilación del péndulo entre los dos polos que existen en cada manifestación viviente de los planos físico, mental y espiritual. Siempre se da una acción y una reacción, un avance y un retroceso, una ascensión y un descenso.

Su evidencia es clara en el devenir de cualquier concepto conocido o desconocido, lo que significa que, por ejemplo, está presente en la primacía y posterior declive de las naciones, la creación y la destrucción de soles, galaxias, mundos y, de nuevo, el Universo.

Los estados mentales del hombre son también un verdadero péndulo debido a este principio. De ahí nuestros continuos cambios anímicos y emocionales. Las personas que adquieren control sobre la Ley del Ritmo no se dejan manejar por las alzas y bajas de sus sentimientos. Esto nos permite tener dominio sobre nosotros mismos y a esto se refería el filósofo Aristóteles, cuando Alejandro Magno, el Grande, se presentó ante él exhibiéndose como el conquistador del universo conocido en aquellos tiempos, y él repuso: "POCO HAS LOGRADO SI NO HAS PODIDO CONQUISTARTE O DOMINARTE A TI MISMO".

Empezando por las manifestaciones del Espíritu, es decir, El Todo, siempre hay una emanación seguida de una absorción. Los universos se crean, alcanzan el punto más bajo de materialidad, o sea, de condensación de la materia y entonces comienza la oscilación o regreso, así la ley del ritmo funciona en todos los mundos, nacen, crecen y mueren, solo para renacer de nuevo. Asimismo, sucede con todas las cosas de cuerpo o forma; oscilan de acción a la inacción, del nacimiento a la muerte. Igualmente pasa con todos los movimientos filosóficos, credos de cualquier clase, naciones, gobiernos, etc. Nacen, crecen, llegan a su punto culminante y descienden hasta llegar al otro extremo, para renacer de nuevo, cuando el ritmo que los gobierna, marque el momento. La noche sigue al día y el día a la noche. Los corpúsculos, átomos, moléculas y toda la masa de la materia oscilan en torno del círculo que corresponde a su naturaleza.

No hay tal reposo absoluto o cesación de movimiento (las leyes de la física no lo permiten). Todo movimiento está gobernado por la ley del ritmo. Este principio es de aplicación universal. Puede ser aplicado a cualquier cuestión o fenómeno de muchas fases de la vida. Puede aplicarse a todas las fases de la actividad humana. El Péndulo Universal siempre está en movimiento. Las mareas de la vida fluyen y refluyen de acuerdo con la ley.

La ciencia moderna reconoce el principio del ritmo y lo considera de aplicación universal en cuanto se refiere a las cosas materiales. Pero los metafísicos saben que la ley del ritmo funciona en otros planos, además de hacerlo en el plano material, saben que sus manifestaciones se extienden hasta las actividades mentales del hombre, y esto solo explica la gran sucesión de cambios y modalidades que notamos en nosotros mismos. Esta ley aplicada inteligentemente, nos permite escapar a sus efectos negativos, mediante la transmutación.

Los maestros herméticos descubrieron que había dos planos de manifestación en lo que a los fenómenos mentales concernía. Descubrieron que había dos planos generales de conciencia: El Superior y el Inferior y este descubrimiento les permitió elevarse al plano superior, permaneciendo en él y escapando así a la oscilación del péndulo rítmico que los esperaba en el plano inferior. Sintetizando, podemos decir que polarizaron su pensar y su sentir, lo que quiere decir que, su cuerpo mental y emocional, lo llevaron a la conciencia superior y permaneciendo allí, escaparon al bajón que les esperaba cuando el ritmo se manifestase en su sentido descendente.

De este modo la oscilación rítmica de bajada, es decir, todas aquellas situaciones o vicisitudes cotidianas con las que nos podemos afrontar fortuitamente, las cuales pueden ser situaciones negativas que conllevan emociones de tristeza, enojo, frustración, rabia. De esa manera estas emociones con un bajón energético, en vez de manifestarse en el plano consciente del individuo se manifiestan en el inconsciente, pero su conciencia no es afectada, ya que lograron a través de ese escape, que no es más que autoconocimiento, controlar las emociones consecuentes a una situación desfavorable en sus vidas. Aplicando lo que conocemos como neutralización, porque su operación consiste en elevar el ego por encima de las vibraciones del plano inconsciente de la actividad mental, de manera que la oscilación negativa del péndulo no se manifieste en el consciente y la conciencia no pueda ser afectada por ella. Es lo mismo que levantarse por encima de una cosa que viene contra nosotros y dejar que pase por debajo, sin tocarnos, por ejemplo un difícil acontecimiento que podamos experimentar, en la actualidad el mundo entero se ve afectado por el natural conocido bajón de energía de este ritmo universal, experimentado una pandemia que ha arrastrado con ella, vidas humanas, destrucción de familias, deterioro y consecuencias importantes en el estado de la salud de quienes ya han pasado por esta enfermedad, así como el hundimiento de millones de negocios prósperos, trayendo a su paso graves caídas económicas en una alta cifra porcentual alrededor del globo terráqueo, sin distinguir clases sociales, etnias, religiones, creencias o estatus económicos. Ha sido una peste imparcial en el momento de llegar a la humanidad. Pocos han sido los que ante tan terrible e infame oleada de desgracias lograron pasar por encima de la ola, sin que este bajón de la ley del ritmo les afectara o al menos lo hiciera en su mínima expresión. Solo a través del conocimiento de las leyes universales podemos sobrellevar las eventualidades y fortuitos sucesos naturales de la vida. Debemos ser inteligentes para salir ilesos de cualquier situación desfavorable para los humanos, a través de la adaptación constante a los cambios e imprevistos que se puedan presentar. Estando atentos y con una detallada afinación en la intuición personal, podremos ser visionarios para detectar los cambios en el curso de la autopista de la vida, para esquivar aquellos canales complicados y de manera astuta y rápida girar el volante hacia la vía más llevadera y que nos dirija hacia nuestros objetivos de la forma menos traumática, ya que, escaparnos de la realidad es imposible, entonces pongamos manos a la obra para reinventarnos practicando la resiliencia cada vez que sea necesario y salir victoriosos, para el seguido disfrute en la subida consecuente del principio del ritmo.

A medida que medites sobre la ley del ritmo entenderás e identificarás cómo ha afectado tu vida en su desenvolvimiento. Cómo a un período de entusiasmo ha seguido otro de depresión. Igualmente, en períodos de valor que son seguidos por períodos de desaliento y miedo, esto sucede con la mayoría de las personas; tenemos mareas de emociones y sentimientos que se elevan y caen, pero nunca sospechamos que estemos bajo el dominio de una ley que se manifiesta en estos fenómenos.

6.- Ley de Causa y Efecto mutable: La sexta de las siete leyes universales dice que toda acción tiene una reacción, todo efecto en tu entorno físico tiene una causa específica en tu interior y ahí está el origen de lo que ves afuera. La suerte no existe, es una palabra sin valor, ya que, aunque existen multitud de planos de causas y efectos en los cuales los superiores dominan a los inferiores, ninguno de ellos escapa totalmente a la Ley.

Dicho de otra manera, nada sucede por casualidad y todo ocurre conforme a la Ley universal de causa y efecto. Todo acontecimiento ocurre como consecuencia de otro acontecimiento anterior.

La filosofía hermética conoce los métodos a través de los cuales se puede ascender más allá del plano ordinario en el que se producen los efectos más bajos y, al alcanzar el plano superior, éstos se convierten en causas en vez de efectos. Somos arrastrados por los efectos como robots en nuestras vidas, para los maestros herméticos dominar las particularidades del plano superior de causa y efecto nos convierte en dirigentes en vez de dirigidos, afianzando cada una de las virtudes que hemos venido aprendiendo al pasar este libro. Es esta la manera más efectiva que he encontrado en mi vida personal de convertirme en la dueña de mi vida, de mis decisiones, acciones y reacciones y por ende de los resultados que tengo en cada aspecto de mi existencia, responsabilizándome en su totalidad de las cosas que me suceden, tanto las poco afortunadas así como los logros y objetivos que alcanzo, solo con el coraje de un toro liberándose de sus amarras en una manga de coleo, logré pasar del patético y aburrido atuendo de victima a dominar mi vida y así conseguir paso a paso mis sueños.

Mucha gente se queda confusa cuando intenta comprender cómo una cosa puede ser causa de otra, es decir, cómo una cosa puede ser creadora de otra. Realmente, ninguna cosa puede producir o crear otra. La causa y el efecto, se encuentran verdaderamente en los sucesos, siendo cada uno de los mismos un eslabón de la gran cadena creadora del Todo. De esta manera, se puede afirmar que existe una relación estrecha, íntima entre todo lo que ha pasado y todo lo que sigue.

Alguien un día plantó un árbol o se produjo la germinación por causas espontáneas naturales. La tierra le aportó sus nutrientes tras haber transmutado restos animales o minerales en su seno. La lluvia a lo largo del tiempo regó el árbol y produjo su crecimiento. Además, podemos analizar las causas de la lluvia, la existencia de los nutrientes en ese espacio concreto de tierra. En algún momento, alguien cortó el árbol para hacer leña con la que poder calentarse en invierno y ésta al arder generó partículas de hollín, una de las cuales aparece ahora delante de nosotros debido al viento adecuado para que eso suceda.

Este proceso resulta como un laberinto de causas y efectos del que es muy difícil salir. La ley de causa y efecto es una ley universal que establece que para cada efecto hay una causa definida, del mismo modo para cada causa, hay un efecto definido. O lo que es igual a decir que cada acción tiene una reacción relacionada con la acción inicial.

Todo acto tiene una consecuencia. Un acto positivo tendrá consecuencias positivas y un acto negativo consecuencias negativas, por la ley de causa y efecto no puedes esperar un resultado diferente a la causa que lo originó. Entender esta ley puede ayudarte a descubrir por qué estás consiguiendo los resultados que tienes y cómo puedes cambiarlos.

Ella en tu vida está estrechamente relacionada con tus pensamientos y acciones y tus resultados. Esto muestra que tus resultados no son más que un efecto, que puedes cambiar si vas directamente a la causa (tus pensamientos y acciones consecuentes). Si te encuentras en tu computadora leyendo mi libro, probablemente estás rodeado de (efectos), la silla donde estás sentado es un resultado de un pensamiento original, el ordenador que estás usando es el resultado de una idea, la mesa donde estás apoyado fue primero una imagen en la mente de alguien e indiscutiblemente las líneas que lees primero fueron originadas en mi pensamiento.

También puedes empezar a relacionar pensamientos que tengas hoy con sucesos que tendrán lugar en el futuro. Este es un poderoso ejercicio que puedes hacer, ser consciente de tus pensamientos y el impacto que tienen en tus resultados. Cada uno de tus resultados de hoy fueron creados por un pensamiento original, seas consciente de ello o no. Constantemente, estás creando tu realidad. Los pensamientos de hoy moldearán tu futuro. El problema es que la mayoría de las personas no son conscientes de esta verdad y no ejercen ningún control sobre sus pensamientos.

Cuando eres consciente de la verdad puedes empezar a controlar y aplicar la ley de causa y efecto en tu vida. El secreto para usarla es ser consciente y controlar en todo momento tus pensamientos, si eres capaz de estar atento a cada uno de ellos y luego hacerle un seguimiento hasta ver sus resultados, podrás validar esta ley por ti mismo.

Recientemente leía el libro "El juego de la vida y como jugarlo" de Florence Scovel Shinn, donde explica que, si registras en tu mente el pensamiento de salud, prosperidad y bienestar, llegará el día que te levantes y te encontrarás saludable, próspero y feliz, tus pensamientos se habrán hecho realidad.

Para poder poner en práctica esta poderosa ley, tienes que entender cómo funciona la mente. La mayoría de las personas ve los efectos y trata de cambiarlos, sin embargo, no es posible cambiar el efecto sin cambiar la causa. Es como ver una película en el cine e intentar cambiar lo que ves en la pantalla sin ir al proyector y cambiar la película. Lo que se muestra en la pantalla son tus resultados, tu cuenta bancaria, tu salud, tus relaciones, tu felicidad, el proyector es tu mente, y la persona que puede cambiar la película eres tú a través de tu mente consciente. Tienes que decidir de forma consciente cambiar tus pensamientos que son la causa de tus resultados y trabajar en cambiar la información que está en tus patrones.

Piensa qué quieres concentrar en todos tus pensamientos. Una meta que realmente quieras conseguir, que te despierte por las mañanas y te quite el sueño por las noches. El primer paso es usar la parte consciente de tu mente para decidir qué quieres pensar y por ende que quieres alcanzar, procura hacerlo la mayor cantidad de tiempo posible.

Por último, debes tomar acción sobre esas ideas que te lleguen, sé persistente en este paso, porque cada vez que intentes algo nuevo estarás más cerca de conseguir los resultados que deseas. Además, debes creer que es posible, eliminar toda duda. La duda es como la maleza que acaba con la siembra. La fe es tu mejor aliado, la fe te permite creer, aunque, no lo puedas tocar.

7.- Ley del Género mutable: El género está en todo, todo tiene sus principios masculinos o femeninos, esta ley es evidente a través de la creación de los sexos opuestos, no solo en los humanos, sino también en los animales, en los minerales, los electrones y protones y los polos magnéticos.

La misma creación del universo obedece a la ley de generación y que en todas las manifestaciones sobre los planos mental, espiritual y físico siempre está presente y funcionando el principio de género. En el plano físico, se manifiesta como género (sexo masculino y sexo femenino), pero en los planos superiores toma formas más elevadas. Ninguna creación física, mental o espiritual es posible sin la presencia de este principio. Si se comprende bien, alivia en gran medida muchos de los problemas y misterios de la vida que tanto han confundido la mente de los seres humanos.

Ya encontramos una manifestación distinta de este principio entre los iones (electrones y protones) que conforman la base de la materia, hecho reconocido por la ciencia, que antes consideraba el átomo como punto final e indivisible de la misma. El descubrimiento más importante en torno a esto es imprescindible que los iones negativos (electrón) se pongan a girar alrededor de los positivos (protones) para que pueda constituirse el átomo y, por tanto, la materia.

Esto se debe a que los protones ejercen cierta influencia sobre los electrones, lo cual impulsa a estos últimos a formar ciertas combinaciones que resultan en la creación o generación de un átomo.

La filosofía hermética siempre ha asociado lo masculino con lo positivo y lo femenino con lo negativo, sin que esta consideración signifique ningún detrimento para lo femenino en función de su naturaleza. Tan solo es una manera de denominar una y otra cualidad.

De este modo, las últimas enseñanzas científicas aseguran que los iones creadores son los electrones, o sea femeninos. Están compuestos por electricidad negativa.

La unión de lo femenino con lo masculino, al girar rápidamente el primero en torno a este último, es lo que da lugar a la creación del magnetismo, la electricidad, la luz, el calor, la atracción, la repulsión, las afinidades químicas y finalmente la materia palpable por nosotros. Existe abundante literatura sobre algunas diferencias entre lo masculino y femenino. El principio masculino de la mente corresponde a la llamada mente objetiva, consciente, voluntaria, mientras que el femenino lo es con respecto a la mente denominada subjetiva, inconsciente, involuntaria.

Desde hace años se considera la dualidad de la mente, pero realmente esa dualidad no es más que la manifestación de este principio de género en el campo mental. Si lo hacemos, nos damos cuenta en seguida que el primer resultado de la observación es el Yo, en su acepción Yo soy. Esa es la manifestación primera de nuestra identidad, aunque los expertos herméticos saben que, ciertamente, en esa acepción mental coexisten dos partes diferenciadas que la conforman, el Mí habitualmente confundido con el Yo, es la propia conciencia que poseemos de nosotros mismos, nuestros gustos y aficiones, repulsiones, visión mental de nuestro aspecto físico, etc. En contraposición tenemos que el Yo es esa parte que percibimos como inefable y que es capaz de gobernar el propio Mí, si con la suficiente voluntad así se desea.

El proceso normal es que los principios masculino y femenino obren conjuntamente en cualquier creación mental. Pero desafortunadamente el ser humano corriente tiene el aspecto masculino inerte, dormido y ausente, permaneciendo su existencia vital anclada en el principio femenino, siendo influido y dominado por otras mentes y pensamientos que cultivan el principio masculino como fundamento de su Ser.

Esto explica el porqué de las masas convertidas en rebaños gobernados por otras mentalidades en vez de ser creadores de su propia realidad en función de su voluntad.

Sumario
Conozcamos el Idioma del Universo en 7 Sencillas Leyes

En este capítulo quise darte a conocer más a profundidad, de manera teórico – práctica, según los expertos y mi experiencia, el complejo lenguaje del universo y como aplicarlo a tu vida para apostar a ser un ganador, en tu comunicación con el universo, conociendo las diferentes leyes con las que se rige. Así será más fácil para ti encontrar esa fluida y efectiva relación.

Ten presente estas leyes son:

1.- Ley del Mentalismo.

2.- Ley de Correspondencia inmutable.

3.- Ley de Vibración inmutable.

4.- Ley de Polaridad mutable.

5.- Ley del Ritmo mutable.

6.- Ley de Causa y Efecto mutable.

7.- Ley del Género mutable.

No importa el orden que quieras ponerle, también encontrarás mucha información sobre este campo, la idea es que sigas tu evolución y cada vez vayas más allá, hasta lograr tu fluidez personal, investiga, empápate del maravilloso tema, que es tan importante para tu convivencia dentro del él, pues lo creas o no, lo compartas o no todos quienes vivimos en este plano estamos sometidos a las diferentes leyes universales, al conocerlas y ponerlas en práctica no solo te aseguro que sentirás que conversas con el universo y habrá retroalimentación, sino que te sorprenderás de lo maravilloso que es utilizarlas de manera correcta y a tu favor.

Reconociendo las leyes universales en tu vida

Como ejercicio de recapitulación, y así internalizar un poco más el mensaje que quiero dejarte con estas maravillosas leyes que he ido descubriendo a lo largo de mi vida y quisiera que de igual forma tú lo hagas, identificando a través del recuerdo cómo de alguna manera ha estado presente el universo en tu vida.

Para ello quiero que tomes tu planificador y destines 7 páginas para esta actividad en la que colocarás de título en cada una de ellas el nombre de las leyes universales, enumerándolas desde la primera hasta la séptima. Ahora de la manera más consciente y presente haz una retrospectiva, puedes ir lo más lejos posible en los años anteriores, hasta donde tus recuerdos e imaginación te lleven, y comienza a identificar la manifestación de cada una de ellas en cualquier situación o acontecimiento en los que pienses que se ha o han presentado las 7 leyes universales.

Puedo mostrarte un ejemplo en mi vida, para ello escogeré la sexta ley de causa y efecto, la cual es mutable, ya que, dependiendo de la causa, en este caso mi actitud ante una situación, el efecto puede cambiar. Una persona de mi vida diaria, con quien comparto constantemente en muchos campos, sobre todo en el laboral, ha llegado a mi vida para enseñarme lo efectiva de esta ley. Debido a nuestra relación tan cercana me he dado la oportunidad de conocerla cada vez más, desde la empatía, la comprensión, el respeto y el amor, ya que somos personas muy diferentes en la mayoría de los aspectos de nuestra personalidad, cosa que afecta nuestro desempeño y la dinámica que inevitablemente debemos llevar a diario. A medida que vamos avanzando en nuestras faenas he podido experimentar la ley de la causa y el efecto, en panoramas difíciles quizás bajo la presión de la toma de una decisión de envergadura en la que podemos chocar, siempre trato de aplicar primero las virtudes que acá hemos venido trabajando como el autocontrol y el poder de la escucha para lograr entender honestamente sus puntos de vista, entendiendo además lo distintas que somos y la diferencia de las visiones que en muchos casos podemos tener, cosa que es más común de lo que pensamos, recuerda cada cabeza es un mundo y todos siempre tenemos algo de razón, según desde el cristal con que se observen las situaciones.

Dependiendo de mi reacción (causa) en el momento de la encrucijada en la toma de decisión, las respuestas, y el punto de convergencia (efecto) se puede encontrar de la manera más natural y orgánica posible, cuando eso ocurre me siento con tanta paz y tranquilidad, logrando entender que sí podemos llegar a acuerdos de manera respetuosa donde ambas podamos tener beneficios tras la vía escogida, por lo que es definitivamente certera esta ley, y además experimento su mutabilidad, ya que al principio cuando no aplicaba de manera efectiva las virtudes aprendidas en mi recorrido, infaliblemente los acuerdos eran un desastre en los que solo conseguíamos divergencia total, pero gracias al universo creado por Dios que me ha guiado cada día, he podido vivir el maravilloso milagro de existir bajo la energía de estas mágicas leyes, que con solo pensarlas y aplicarlas todo se desenvuelve de forma exitosa para todas las partes. Finalmente, terminé ganando un montón de cosas que no imaginé, pues estar siempre en buena disposición, siendo empática, escuchando primero y analizando, logré tener una actitud más asertiva, lo que se traduce en una causa distinta y los efectos de retribución fueron magníficos, pude conocer el increíble mundo interno de esta muy querida compañera de negocios, en la que descubrí tantas cualidades y virtudes, además de una buena trabajadora, dedicada y colaboradora persona, con la que aprendí a comunicarme de manera adecuada concordando más a menudo inteligente y efectivamente. De esta manera el universo me enseñó que conociendo y aplicando de la forma correcta sus leyes siempre da respuesta, floreciendo eventos, oportunidades y situaciones valiosísimas para el bienestar constante, lo que es lo mismo a una vida feliz en todos los aspectos.

De esta manera ve identificando en cualquier situación por sencilla que sea, cada una de las leyes que te he presentado, estoy segura de que terminarás identificando más de una.

CAPÍTULO 11

*Cuando te mueves fuera de tu zona de confort,
lo que una vez fue desconocido y aterrador
se convierte en tu nueva normalidad*
ROBIN SHARMA

Húyele a tu Zona de Confort

Nuestro tiempo es realmente corto aunque así no lo entendamos, pero una vez más el universo se está encargando en este último año de demostrarnos lo poco que dura la vida, esta pandemia llamada por muchos COVID-19, ha demostrado a su paso lo ínfimas y diminutas que son nuestras vidas, definitivamente, hoy estamos y mañana no lo sabemos, no te quedes en el dogma del pensar que no puedes, que arriesgar es peligroso, y que mejor pájaro en mano que cien volando, no existe refrán más mediocre y sepultador de sueños.

Creer que tener el control de todo y estar siempre en tu espacio de comodidad, donde todo lo conoces y lo manejas a la perfección es exactamente el lugar del cual huyen las personas extraordinarias; no hay mayor engaño que pensar: que estar en tu zona de confort será el lugar más seguro y estable de tu vida.

Una vez escuché decir a un corredor de la Fórmula 1, mientras acompañaba a mi esposo en las mañanas de los domingos, a ver su tan esperada carrera, "cuando tengo control de la velocidad, es en el momento en el que me pongo más nervioso, pues es en las velocidades incómodas en las que he logrado mis más grandes triunfos".

Atrévete a explorar el mundo desconocido, incluso tu mundo interno desconocido, no sabes lo gratificante y enorgullecedor que es descubrir ese mundo, donde siempre has pensado que no puedes acceder, pero retarte y alcanzar a encajar perfectamente, saliendo de tu plácida zona de confort, te llena de valor, de poder, de ganas, de convicción de que no es realmente tan dolorosa, o tenebrosa esa zona fuera de la confortable a la que antes ni de chiste eras capaz de al menos tocarle la puerta.

Es justamente ahí donde comienza la magia, y es ahí donde logras realmente vencer todos esos paradigmas, mentiras que la sociedad ha inoculado en tu cerebro.

La llamada zona de confort o comodidad, debes identificarla constantemente, ya que, al salir de ella en un aspecto de tu vida, puedes muy pronto caer de nuevo en el mismo aspecto o en otro, recuerda al lograr salir de ella lo que antes te parecía imposible, rápido te comenzará a parecer muy posible hasta que de nuevo se convierta en cómodo. A esta es a lo que realmente debes temerle, es uno de los limitantes más letales, sentirte constantemente en comodidad y placidez, sin haber aun alcanzado algún sueño, es un indicativo de estancamiento.

Siempre que das un paso a algo nuevo en tu vida, que supone un reto para alcanzar un objetivo, probablemente trae como añadidura el temor, eso ocurrirá mientras transitas los primeros pasos, poco a poco se irá convirtiendo en un hábito aprendido, donde habrás conquistado un peldaño más hacia tu propósito, el cual se puede transformar de nuevo en un stop de confort, cuando comiences a sentirte cómodo, entonces de nuevo corre porque a esa zona de comodidad es a la que realmente debes temerle.

En cuanto te hayas adaptado a ese nuevo esfuerzo, una vez pasado el tiempo requerido, para que tú lo hayas convertido en un hábito automático y puedas ejecutar esa actividad sin dificultad, quiere decir que ya has avanzado y te has apropiado de un nuevo peldaño más amplio hacia tu meta o propósito, en este momento te ubicas ahora en una nueva planta confortable, solo que ahora más amplia y completa, es éste el momento de visualizar un poco más allá para alcanzar un poco más hacia tu meta, haz un pequeño esfuerzo inicial y apóyate en el hecho de que esta nueva "incomodidad" pronto se volverá en una nueva comodidad, como ves esto es realmente un patrón que se va a ir repitiendo a lo largo de tu camino hacia el éxito de la conquista de tus objetivos.

Debes repetir el proceso tantas veces como sea necesario, mientras más alto apuntes tu mirada, seguramente más veces tendrás que afrontarte a esto, pero simplemente debes irte adaptando a los cambios y en el camino alentarte con tus pruebas anteriores superadas exitosamente, eso te dará la fortaleza y el control mental para ir sobrepasando cada obstáculo, al final la vida es movimiento. Llegarás tan lejos que cuando voltees y veas esa primera "pequeña" meta que te costó un Everest superar, realmente no fue absolutamente nada, pues así serán cada uno de esos picos fuertes que vas a ir superando, llénate de coraje en cada cresta para que te deleites en la cima de cada logro, no hay mayor celebración espiritual que esa.

Si quieres resultados extraordinarios y excepcionales, debes hacer cosas de grandes. En los deportes lo que diferencia a los ganadores de los fracasados es ese "EXTRA", eso se traduce, en el kilómetro demás, en el minuto de menos, en la repetición demás, ahí cuando la mente de los deportistas dice ya no puedes más (por el instinto nato de supervivencia) es justamente donde los ganadores acallan violentamente el pensamiento se llenan de adrenalina y le demuestran a la mente la fortaleza de su espíritu, haciendo lo que supuestamente era un no puedo, convirtiéndolo en millones de aplausos, en ovaciones sensacionales, en victorias inminentes. Esta es la actitud de los ganadores.

Steve Job nos enseñó: *"tu tiempo es limitado de modo que no lo malgastes viviendo la vida de alguien distinto, no quedes atrapado en el dogma que es tratar de vivir como otros piensan que deberías vivir, no dejes que los ruidos de las opiniones de los demás silencien tu propia voz interior y lo que es más importante, ten el coraje de hacer lo que dicen tu corazón y tu intuición, ellos ya saben de algún modo en quien quieres convertirte realmente".*

Seguramente has experimentado alguna vez en tu vida hacer una dieta para bajar de peso o mejorar tu apariencia corporal, sin embargo millones de tentaciones se presentan a tu paso, y aunque tu zona de comodidad es comerte ese chocolate tan deseado, tu conciencia, la que tiene presente la honestidad de tu objetivo te dice no lo hagas que te vas a arrepentir, solo si le hicieras caso un instante a esa intuición y te autocontrolas, sales de esa zona de confort, no te comes el chocolate y si lo repites cada vez que estés en esa situación, ya pronto no será difícil decirle que no a cualquier alimento que vaya en contra de tu objetivo.

Así que debes hacer cambios constantemente para evadir del todo las diferentes zonas de confort que puedan ir invadiendo tu camino hacia el éxito, quiero compartirte algunas reglas que, si tomas en consideración, será más fácil identificar y salir rápidamente de las temidas zonas de comodidad.

1.- La adicción a la recreación constante, a motivar los sentidos de manera descontrolada, a través de la tecnología, alimentos, azúcar, pantallas, videojuegos, sonidos, al chisme, a la investigación exhaustiva de la vida de los demás, son la combinación perfecta para la destrucción de la creatividad, y para la entrada silenciosa y audaz hacia la zona de confort. Así que escapa de todos esos distractores, cuando sientas que te están controlando completamente.

2.- Personas exitosas, inventores, creadores de imperios y reyes ancestrales, han dedicado y dedican al menos una hora al día en sí mismos, la mayoría por no decir que todos, prefieren la primera hora de la mañana, justo antes del amanecer, aprovechan inteligentemente, el silencio y la calma, tesoros que escapan del malvado ruido de la multitud, y se preparan para un día de primera.

De Aristóteles conocí: *"Es bueno levantarse antes del amanecer, porque este hábito contribuye a la salud, la riqueza y la sabiduría"*

Muchos expertos en neurociencia afirman que cosas maravillosas ocurren en nuestro cerebro antes de despuntar el alba, nuestra mente está fresca, las hormonas están balanceadas, nuestra energía recargada, la creatividad, la inspiración y la pasión están a tope. Muchos inventores han revelado que sus mayores ingenios se les han ocurrido a estas horas de la mañana y en ayunas. Definitivamente cosas sorprendentes ocurren antes del amanecer, atrévete a tomar la decisión de abandonar la cama 20 minutos antes, comienza con pasos cortos, hasta que superes el confort de tu cama y logres pertenecer al grupo de las 5 am., de Robin Sharma o de Hald Erold.

3.- La carta de renuncia para una vida VIP, lleva por título excusas y calamidades, victimízate y ese será tu papel protagónico día tras día, asegúrate de levantarte cada día más temprano, fomenta hábitos de los ganadores en tu rutina diaria y aduéñate de ellos, nunca olvides que el éxito no es un acto puntual, ni se trata de un objetivo finito y único, sino de hábitos constantes, con pequeños actos que forman tu rutina cada día. Cuando logres entenderlo serás dueño de la tan pronunciada palabra ÉXITO en todos los aspectos de tu vida.

4.- En una entrevista concedida a mi más grande mentor, el físico Albert Einstein, quien goza de mi más alta admiración desde niña, dijo: *"Locura es hacer lo mismo una y otra vez esperando obtener resultados diferentes"*. No hay mayor pérdida de tiempo y de energía que los minutos que se malgastan haciendo siempre lo mismo y rayar en la locura de pensar que así se alcanzará lo que se desea, sin abrir los ojos y entender que el tiempo pasa y siempre estás en el mismo bucle, obteniendo lo mismo repetidamente. Este camino, no está ni un poco cerca del que debes tomar para lograr tus metas, justo cuando comienzas a incomodarte, es cuando empiezas a agarrar la vía del éxito, es que no hay verdad mayor que el hecho de que el éxito es amante de los implacables. No hay peligro más cercano a una muerte trágica de sueños, que abandonarse plácidamente en la zona de confort por mucho tiempo.

5.- Si dedicas tu vida a hacer y a actuar como lo hacen las masas (ordinarias), que es el 95% de la población mundial, no hay que ser adivino para predecir que tu vida jamás será EXTRAordinaria, pues terminarás con los mismos resultados de las masas, a no ser que esa sea tu más grande ambición, cosa que dudo, porque todos absolutamente todos, tenemos grandes sueños en nuestro interior, solo que los limitantes ya bien discutidos en este libro, y en principal tú mismo te niegas a ir por ellos, por sentirte incapaz de alcanzarlos, pero si has aprendido algo, ya en este punto debes estar convencido de que no hay imposibles para nadie, no existe un solo pensamiento que haya pasado por tu mente que no puedas alcanzar.

Si tus sueños apuntan a la cima de los más grandes deseos, que cualquier mente ha podido producir, entonces deberás tomar ejemplo de la élite que lo ha logrado, es decir, el 5% de la población mundial, seguro son hábitos muy diferentes a los del común, por tanto, muchos no te entenderán o muy pocos, solo aquellos que identificaste como tu núcleo en el capítulo 3, del resto las masas no se alejarán de ti, pues desde el amor siempre te entenderán y aceptarán tu proceso, al ver partir personas de tu entorno piensa que no importa el que se va, sino el que llega. Jesús Cristo dijo: *"No den lo santo a los perros, ni echen sus perlas delante de los cerdos, no sea que las huellen con sus patas, y volviéndose los despedacen a ustedes" Mateo 7:6*

6.- Es justamente en el momento en el que tu mente cree que es la última repetición que tu músculo puede dar, donde si te esfuerzas y das una más ocurre la magia del cambio, cuando sientes que estás agotado que ya no hay más fuerza, es cuando comienza el camino a la verdadera luz del impetuoso éxito. Tómate pues, la píldora de la disciplina que ya tienes bien cimentada y preparada en tu interior, repara el malestar del no puedo, combate la pereza, cámbiala por entusiasmo, créeme, no hay medicamento más efectivo que la disciplina, nada más comienzas a ser disciplinado, de inmediato comienza a hacer efecto. La constancia, perseverancia y disciplina son el ADN de la excelencia.

7.- Si al inicio del escape de la zona de confort no es difícil no se tratará de un real cambio, para una verdadera conquista de la excelencia. La sociedad nos ha programado para abandonar cualquier proceso, cuando las cosas al principio no salen según lo planeado, más aún cuando los grados de inclinación de la cuesta aumentan exponencialmente. Esto es un grave error, recuerdo a otro de mis maetros Robin Sharma en su libro *"El Club de las 5 de la Mañana"* decirme que el mayor consumo de combustible de las naves espaciales es justo en el instante del despegue de la tierra, debido al trabajo que debe hacer para vencer exitosamente la inmensa fuerza de gravedad. Precisamente, es lo que debes hacer cuando emprendes el camino hacia un cambio transcendental, para que logres vencer las implacables fuerzas del letargo de tu chip mal programado, evitando caer en viejos hábitos, ya que sería imposible alcanzar la perfección en tu camino de cambio y volverías a tu zona de confort rápida y silenciosamente.

Albert Einstein me enseñó que *"Los grandes espíritus siempre han sufrido una gran oposición por parte de las mentes mediocres"*

La competencia solo afecta a los mediocres, le temen porque ellos pretenden dar lo mínimo y ganar lo máximo, mientras que los competentes a quienes no les afecta, quieren dar lo máximo para recibir lo máximo, un ganador nunca renuncia y un derrotado nunca gana. Es diferente vivir que simplemente existir, muy pocos viven, la mayoría solo existe. El universo buscará llenar huecos de cualquier manera, el universo es abundancia por excelencia, querer en abundancia es perfecto, pues en los campos y bosques no hay poca vegetación, hay de sobra, así es el universo da a montones, entonces piensa y desea a montones y se te concederá. Sin embargo, no debes olvidar la ley de correspondencia, con la vara que mides serás medido, mientras más des y de manera desinteresada más recibirás, con esto me refiero a todos los aspectos de la vida, no solo con entregar a tu prójimo, sino también a ti mismo, mientras más te esfuerces por salir de la zona de confort más logros personales alcanzarás, solo la acción determina la reacción, actúa tanto como quieres obtener y lo retribuido será bien merecido.

Si te estancas en el cansancio, momentos que indudablemente aparecerán en tu proceso no llegarás muy lejos, pues volverás rápidamente a tus indeseables viejos hábitos, aquellos quienes caen en esta trampa, obtienen niveles cero de excelencia, ya que se cobijan bajo la oscuridad de la apatía, la mediocridad y la escasez, trabaja arduo para fomentar los hábitos del virtuosismo, aquellos que te darán el acceso a un nivel alto de fuerza de voluntad, cuando sientas que no se puede más debes seguir con más poder, el músculo de la sutil disciplina se fortalecerá con firmeza, el grado de respeto por ti mismo se potenciará, cosas como éstas son las más esenciales para la máxima productividad y la creación de una vida plena que te dará más satisfacción, aumentando tu actitud de liderazgo, materializándose desenfrenadamente tu mejor yo, en ti se harán realidad logros realmente épicos.

Para alentar a la creación de los hábitos del virtuosismo en tiempos de emergencia, te puedes ayudar a levantar con un sinfín de herramientas, que te estimulen a no perder el camino recorrido, a continuar bajo la divina longitud de onda del SER, nunca olvides que, alimentando y nutriendo tu espíritu, cosas impresionantes comienzan a suceder de manera prácticamente mágica. Puedes leer libros que te inspiren, sumarte a algún reto, de actividad física, proponerte a hacer alguna dieta desintoxicante por algún corto período de tiempo, hasta que sientas que tus baterías se han recargado, es válido aplicar estas vías de aliento y escape, ya que como has visto la fuerza de voluntad no es infinita, asegúrate de renovarla antes de que llegue su fecha de vencimiento, aprende a detectar cuando esta fecha esté próxima y gánale al desánimo, antes de que él te gane a ti, esa una de las batallas más importantes que debes vencer. El conocimiento no aplicado hace que el potencial cognitivo adquirido quede infracapitalizado, en otras palabras, si no tomas acción y aplicas los conocimientos que te han enriquecido intelectualmente, no lo aprovecharás en su máximo potencial. Toma en cuenta que, cualquier logro sólido debe por necesidad llevar años de humilde aprendizaje y distanciamiento de la sociedad, sin desvincularse del todo o caer en una actitud asocial.

A veces catalogamos de extraños y criticamos a ciertas personas por su forma de actuar, por sus hábitos cotidianos y estilos de vidas diferentes, fuera de lo común, sin darnos cuenta de que sus resultados en varios aspectos son positivos, al punto que nosotros también los quisiéramos obtener, sin embargo, no nos atrevemos a hacer esas pequeñas cuotas de rareza para obtener tan deseados resultados. Por ejemplo, levantarse cada día antes del amanecer para entrenar, regalándose a sí mismo una cuota de tiempo personal, en el silencio y lo pacífico del alba, mientras el mundo duerme, para muchos podría ser descabe-llado, pues prefieren quedarse en su tétrica zona de confort de lo calientito de la cobija y el colchón, sin darse cuenta que haciendo eso para toda la vida, continuarán eternamente en el lugar donde están ubicados, con algunos pequeños logros, que solo engañan al malcriado ego, manteniéndolo "feliz" con una chupeta como se hace con un niño bajo un ataque de incontrolable rebeldía, cosa que a la larga, cuando observes que el tiempo realmente caduca, traerá frustración y arrepentimiento.

Si no aprovechas la majestuosidad y bondades del amanecer, que sin duda solo traerá bienestar y placer a tus mañanas, a tus días, a tus meses, años y en general a toda tu vida, no lograrás esa vida extraordinaria que tanto estamos buscando, el arte de entender que ese paraíso prometido está aquí ante nosotros y que solo con expandir un poco las gríngolas, podemos descubrirlo, es el más alto alcance de nivel que cualquier espíritu puede obtener.

A mis mañanas las llamo espacio victorioso personal, estas mañanas solo han dejado en mi vida la mejora de mí misma en todos los aspectos, dejando al desnudo cada día un poco más de mi mejor versión. Han logrado fomentar la perfección de mi mundo, desarrollan mi genio interior en la vía más rápida, para elevar mi relación con todo lo externo, ese espacio que es libre de distracciones triviales, estímulos intrascendentes y complicaciones innecesarias, lo utilizo para equilibrar mi disposición mental, purificar mi mundo emocional, reforzar mi aspecto físico y elevar mi espiritualidad a niveles inimaginables. Lo que desencadena más utilidad para el mundo y mejora vertiginosamente mi calidad de vida personal, aumentando en igual medida la calidad de vida de mi núcleo y todo aquel que me rodee en el día, ya que intento transmitir toda esa recarga energética a donde quiera que voy, a todo aquel que me permita llegarle y regalarle un poco de mi dosis diaria de felicidad.

Con mis sesiones de deporte matutinas, la alquimia en mi cerebro propiciada por su neurobiología, no solo permite que me encuentre activa en toda mi jornada, sino que además mi energía, capacidad de concentración y autodisciplina se avivan y se amplifican mis victorias en la superación de los terrenos fuera de mi enemiga zona de confort, del mismo modo logro disminuir las concentraciones de la hormona del estrés el cortisol, aumentar la dopamina hormona entusiasta por excelencia, además de proporcionar una increíble sensación de proactividad y productividad, con la consecuente secreción de la serotonina reguladora del placer y la felicidad. En este espacio claro de silencio, me puedo centrar en un solo proyecto a la vez, sin caer en la paranoia digital, evitando dejar pequeños residuos de atención por doquier, sin permitir fugas de concentración, para culminar con éxito cada actividad propuesta.

Es de suma importancia evitar la dispersión creativa y la energía física, al realizar muchos trabajos al unísono, cosa que nos exige la veloz sociedad, en los millones de estímulos diarios a través de las redes, el internet, la televisión y distractores de concentración. Es un error pensar que se es muy bueno disipando el talento en muchas cosas a la vez, trabajando intensamente tan solo en una cosa al tiempo se puede ser verdaderamente asombroso.

En resumen, con tan solo haber intercambiado 1 hora más de sueño cada mañana el universo me entrega regalos y milagros, para muchos inalcanzables, pero que en realidad están disponibles para todo aquel que esté en disposición de recibirlos, que sencillamente son mágicos.

Sumario
Escapando incansablemente de la zona más peligrosa
Húyele a tu Zona de Confort

Nada más peligroso que mantenerte en tu zona de confort, en ella solo conseguirás alimentar la mediocridad, fomentar lo común y rayar constantemente en lo ordinario. Para mí, es vital escapar de ella cada vez que la siento cerca, pues al sentirme cómoda en cualquier aspecto de mi vida entiendo que no estoy avanzando, no estoy conquistando retos y por ende me encuentro desviada de mi vida genial, de mi camino de felicidad constante.

Debes trabajar para esa vida soñada, y entender que no se trata de un acto puntual, se trata de todo un proceso que comienza cuando nacemos, sembramos en la adolescencia, y trabajamos para mejorarlo a lo largo de nuestra existencia, cuando logras captar tu felicidad, éxito, fortuna, prosperidad, paz, tranquilidad, etc., como un camino, disfrutando todos los pasos que das, y forjando esa vida a diario, es cuando realmente irradias el éxito, es cuando ciertamente pisas ese terreno llamado paraíso prometido, y se encuentra a unas cuantas millas de la zona de confort, es justo en esas tierras extrañas, temidas y misteriosas para muchos, pero alcanzables para todos, donde se encuentra la plena y verdadera vida feliz.

El Águila Real, una admirable historia de resiliencia

Con solo fijar nuestra concentración y utilizar la observación detallada y crítica en los eventos cotidianos que nos ofrece la madre naturaleza, entenderemos cómo de la manera más orgánica y natural, hasta los seres más primitivos nos muestran con su experiencia de vida, lo importante que es salir de la zona de confort, quiero mostrarte un ejemplo que probablemente ya conozcas, yo lo conocí gracias a una gran y motivadora amiga, pero me parece tan fascinante la historia de vida del águila real americana que siempre la tomo como ejemplo para mostrar la verdadera importancia de esta salida de emergencia de la peligrosa zona de confort.

El Águila Real Americana es el ave que posee mayor longevidad dentro de su especie, llega a vivir hasta 70 años. Pero para llegar a esa edad, en el ecuador de su vida tiene que tomar una seria y difícil decisión.

A los 40 años sus uñas curvas y flexibles son tan largas que no consiguen agarrar a las presas de las cuales se alimenta, su pico alargado y puntiagudo comienza a curvarse apuntando contra el pecho peligrosamente y sus alas, envejecidas y pesadas por las gruesas plumas, hacen que volar sea una tarea muy complicada.

Es entonces cuando el águila tiene que tomar una decisión entre dos alternativas: dejarse morir o enfrentar un doloroso proceso de renovación que durará cerca de ciento cincuenta días.

Este proceso consiste en volar hacia lo alto de una montaña y refugiarse en un nido próximo a una pared, donde no necesite volar. Entonces, el águila ya refugiada comenzará a golpear su pico contra la pared hasta conseguir arrancarlo; una vez amputado tendrá que esperar a que nazca un nuevo pico con el cual, después, tendrá que arrancar sus viejas uñas.

Cuando las nuevas uñas comienzan a nacer, será el momento para desprenderse de sus viejas plumas arrancándoselas con su nuevo pico. Después de cinco meses muy duros donde vuelve a tener un pico fuerte y joven, plumas brillantes y sedosas uñas útiles, el águila real saldrá victorioso ejecutando su vuelo de renovación y a partir de entonces dispondrá de 30 años más de vida, los años más gloriosos.

A lo largo de nuestra vida nos suceden situaciones similares: o tomas decisiones importantes en tu vida o mueres en el intento y por tanto te sientes paralizado, a la deriva, como si fueras un zombi, dejándote llevar por las circunstancias de la vida.

Cierto es que muchas veces los miedos e inseguridades no nos permiten encontrar las soluciones, saber cómo desprendernos de ese pico, uñas y plumaje no siempre es fácil. También puede tratarse de resentimientos, la falta de autoestima que nos nublan la vista y la capacidad de ser objetivos con nosotros mismos. Debemos desprendernos de costumbres, tradiciones y recuerdos que nos causan dolor. Solamente libres de la carga del pasado podremos aprovechar el valioso resultado que una renovación siempre trae consigo.

Y aunque podamos identificar cuáles son las cosas y los pasos que tenemos que dar para realizar ese cambio, no nos encontramos con la suficiente fuerza y capacidad para hacerlo.

Mi objetivo es ayudarte a identificar cómo facilitar esos cambios de una manera fácil, rápida y eficaz.

Creo que ya no se necesita tanto tiempo para sanar heridas del pasado y pasarlo mal durante el proceso, si de forma responsable rápida y fácil, evitando dramas y poniendo manos a la obra haces los cambios necesarios para que puedas mostrar el verdadero y brillante Ser que eres, esto te permitirá transformarte y liberarte de todos los pensamientos, emociones, bloqueos, fobias, miedos, memorias, patrones de conducta que te limitan, que te impiden vivir una vida en equilibrio y alcanzar tus objetivos y metas.

Despliega tus alas y libérate de todo aquello que no te sirve para avanzar y evolucionar.

Ser responsable y escoger la respuesta correcta te llevará al éxito real en tu vida. ¿Ahora que decides: Renovar o Morir?

"Sólo triunfa en el mundo quien se levanta y busca a las circunstancias o las crea si no las encuentra" George Bernard Shaw.

No es la adversidad es tu actitud, con este cuestionario quiero lograr que te demuestres hasta dónde podrías llegar ante cualquier caos o situación difícil en tu vida en la que tengas que tomar decisiones de peso, para ello toma nota de todas las respuestas que vengan a ti, sé lo más sincero posible, demuéstrate a ti mismo que los límites están bajo tu dominio.

Imagina una situación difícil, alguna a la que siempre le hayas temido, pudiera ser una ruptura, una catástrofe natural, una enfermedad, quedar en bancarrota, la pérdida de un ser querido. Imagínate viviendo la situación, no puedes sentir más que frustración, dolor, rabia o tristeza.

Intenta buscar una respuesta a esta situación, para ello responde estas preguntas:

1.- ¿A quién acudirías para un buen consejo o guía para la solución?

2.- ¿Crees que esa persona realmente tendría la respuesta más adecuada?

3.- ¿Sientes la necesidad de buscar algún culpable o responsable por la situación?

4.- Si encontraste algún culpable, ¿Sientes ahora que ha mejorado o cambiado la situación?

5.- ¿Sientes la necesidad de apartarte para aclarar tus pensamientos?

6.- Si quieres tener momentos a solas para pensar mejor, ¿Crees que en ti podrías cambiar algo o aplicar algún conocimiento que te ayudará a cambiar la situación?

7.- Si te sientes mejor en tu soledad, ¿Qué crees que puedas cambiar en ti para mejorar la situación?

8.- ¿Te sientes en la capacidad de aplicar ese cambio de manera efectiva para mejorar tu estado de ánimo?

9.- Si ese cambio en ti supone un reto, ¿Estás en disposición de llevarlo a cabo?

10.- Con los cambios pertinentes de tu actitud, ¿Te sientes más tranquilo?

Si has llegado hasta la cuarta pregunta, pero no has podido responder de la quinta en adelante, aún queda mucho camino por recorrer, aún tienes muchos senderos que transitar, para terminar de entender que la felicidad solo está adentro de cada uno de nosotros, independientemente de lo que suceda en el exterior, recuerda lo único que puedes cambiar y manejar a tu voluntad es tu propia actitud ante la vida, la vida no la puedes controlar, las circunstancias, acontecimientos, eventos, sencillamente suceden y no puedes cambiarlos a voluntad.

Si has logrado llegar hasta la décima pregunta ¡Enhorabuena, mis más sinceras felicitaciones! Pues el cometido se está logrando.

Solo tú eres dueño de tu verdad, de tu paz y de tu tranquilidad. No importa qué situación ocurra, pues cualquier evento difícil todos estamos propensos a experimentarlo, no hay manera de determinar o dominar el futuro, pero sí puedes dominar tu actitud, tus pensamientos, tus emociones y tus acciones.

Sé resiliente ante cualquier compleja eventualidad en tu vida, y conviértete en el águila real ganadora, esa que sacrificó sus pezuñas, pico y plumas para finalmente obtener la tierra prometida.

Atraviesa tu zona de confort, que tu nueva zona de confort sea la incomodidad, acostúmbrate y convierte en tu fortaleza la facilidad de cruzar caminos difíciles y salir completamente ileso y con tranquilidad y sabiduría. Comienza a asumir los retos como tus aliados, como tus amigos, como los únicos recursos que te llevarán a alcanzar verdaderamente tu mejor versión, la cual se encuentra justo después de atravesada esta puerta, no tengas miedo, hazlo simplemente hazlo, no importa cuánto esfuerzo, cuán cansado te sientas al principio, toma acción de lo que debas hacer y comienza a conquistar las nuevas tierras desconocidas que peldaño a peldaño te llevarán a tu tierra prometida, a tu paraíso.

CAPÍTULO 12

"La mente es la impresionante consecuencia
de la incesante y dinámica elaboración
de mapas en el cerebro.
El cerebro creó al hombre".
ANTONIO DAMÁSIO

Avances y Neurociencia a Nuestro Favor

Da amor y compasión a tu versión anterior, antes de este camino de autodescubrimiento, hiciste lo mejor que sabías frente a cada momento y experiencia, lo importante es que admitas tu Yo anterior, lo puedes observar desde una nueva cima y reconocer tu nuevo Yo, identifica todo lo que has ganado, observa que sí ha valido la pena.

Trabaja para capitalizar el impulso al talento, borra todos los paradigmas errados, mal grabados en tu pasado, apóyate en la neurociencia y sus avances, ya no tienes que creerte todas las mentiras que condicionan tus habilidades, puedes comenzar a vaciar ese disco duro de basuras limitantes, para reaprender y comenzar a llenarlo con toda la nueva información que sí te interesa introducir. Debes ser fuerte, así el consecuente empuje para la acción se activará potencialmente, podrás levantar el vuelo para la adquisición de la más alta maestría, el dominio en todos tus ámbitos y tu vida propia. Primero, asegúrate de alcanzar el imperio interior, para gozar del exterior, si careces de fe y te empeñas en tus limitaciones, para que tus ambiciones se hagan realidad, nunca conseguirás que se cumplan, para una repercusión significativa en la humanidad.

Una vez reconocidos estos limitantes falsos, debes activarte en crear y fomentar hábitos a través de la sistematización de tus actividades diarias, empleando herramientas de manera inteligente, que te ayuden y te alienten siempre a seguir adelante, para así conseguir eludir los comportamientos que te debilitan y afianzar los que te empoderan para el cambio y la transformación continua a tu mejor versión. Nivel de compromiso, capacidad de adaptación, disciplina y perseverancia, son las herramientas más poderosas que nos regala la neurociencia, para lograr manejarnos en los momentos de dudas, de posible frustración por falta de progreso inmediato, o cuando los demás se rían de ti o no te apoyen. Debes ignorar en todo momento las críticas malsanas de personas no ejemplares para tu fin. Si las cinco personas que más frecuentas ejercen influencia en ti, no olvides que terminas convirtiéndote en ellas.

El neurocientífico Giacomo Rizzolatti en 1996, al realizar un estudio sobre la motricidad fina en macacos y observar cómo agarraban pequeños cacahuates, hizo un descubrimiento interesante: Implementaba unos electrodos en sus cabezas para percibir las señales neuronales, cuando estuvieran haciendo los movimientos para tomar los cacahuates. Transcurrido un tiempo del experimento, el neurocientífico y sus alumnos tomaron un pequeño descanso en el mismo laboratorio, pero por descuido (excelente, por cierto) dejaron conectado los electrodos a los macacos. Uno de sus pasantes tomó una banana como merienda, y se dieron cuenta de que la computadora reportaba señales de actividad neuronal, a pesar de que los primates no estuvieran haciendo ningún movimiento con sus manos, solo observaban al chico tomar el banano, se dieron cuenta que se activaba las mismas zonas del cerebro y las mismas neuronas que se activaban, minutos atrás mientras realizaban el experimento. Esto abrió las puertas a un extenso estudio, el cual hoy en día conocemos como *"las neuronas espejo"*.

Se demostró que los primates y humanos, tienen la capacidad de predecir, interpretar y planificar la conducta de otras especies, gracias a la neurona de la empatía y el aprendizaje. Hablar de neurona espejo, es hablar de transmisión de culturas, enseñanza y aprendizaje, las mentes se conectan por un sistema complejo de imitación neuronal. Los científicos así han descubierto que cuando escuchas, sientes, ves, tocas o hueles algo, hay un tipo de neurona que se activa y participa en todo lo que está sucediendo, aunque tú no lo estés experimentando en carne propia.

Es intrigante que justo la neurona que se activa cuando agarramos algo, sea la misma que produce señales cuando estamos quietos, solo observando algún acontecimiento externo. Por eso lo denominaron espejo, cuando percibimos a alguien haciendo algo, la acción se refleja en nosotros mismos como si lo estuviéramos experimentando.

Anoche cené una ensalada y le exprimí dos limones, estaban muy ácidos, seguramente pensar en los dos limones e imaginar las gotas de este caer sobre los vegetales, estimuló tus glándulas salivales y se te hizo agua la boca, sin embargo, no tienes el limón en tus manos, solo leíste y automáticamente se activaron las neuronas espejo en tu cerebro. Del mismo modo funciona el mecanismo especular, proceso fundamental para el aprendizaje por imitación.

Así pues, mediante esta conexión de las neuronas espejo, podemos acceder al estado mental que te condujo a actuar, un estado subyacente, tras haber estado sometido a cualquier estímulo.

Cuando te digo que eres el resultado de las cinco personas, que más frecuentas, escuchas y convives, tiene mucho sentido. Por eso, la irrefutable importancia de la meta conciencia, que debes lograr en tus días, para discernir en todo momento y controlar sigilosamente tus pensamientos, evitando repetir patrones no deseados de quienes te rodean constantemente, pues no puedes aislarte en una burbuja. La decisión está completamente en tus manos, tú decides si quieres tener una vida más gratificante y productiva que esa que llamo ordinaria, la de la multitud o si prefieres dejar huellas significativas tras tu paso, y tener una vida realmente extraordinaria.

Sí puedes lograrlo, tal como tanta gente exitosa lo ha hecho, incluso algunas comenzaron desde cero, siendo personas comunes al principio, pero abrieron los ojos, despertaron y por decisión propia quisieron salir de la matrix cotidiana, eliminando de sus vidas malos hábitos, vicios, pérdida de tiempo y otras formas de vida sin mayores aspiraciones. Lograron controlar sus pensamientos, emociones, y por ende sus acciones, llevándolos al éxito, demostrándose a sí mismos, contra todo pronóstico, que sus realidades podían ser transformadas a una nueva forma, totalmente distinta a lo que eran en el pasado.

El atleta mediofondista y neurólogo británico, Roger Bannister, logró romper el paradigma, que distintos especialistas intentaron grabar en su mente, afirmando que llegar a las marcas que deseaba era imposible, aun así, fue el primer hombre en la historia capaz de recorrer una milla (1.609 metros) en menos de 4 minutos.

Su hazaña más importante y por la que es más conocido la realizó el 6 de mayo de 1954 en el transcurso de un encuentro atlético que tuvo lugar en las pistas de Iffley Road en Oxford ante 3000 espectadores. Bannister logró la victoria en la milla con un tiempo de 3:59,4 siendo el primer hombre en la historia en bajar de los 4 minutos. La carrera fue todo un acontecimiento en Inglaterra y fue retransmitida por la cadena de radio de la BBC, el comentarista era el antiguo campeón olímpico de los 100 metros Harold Abrahams.

La hazaña de Bannister pasó a ser conocida como la "milla milagro", ya que algunos dudaban de que fuera posible cubrir esa distancia en menos de 4 minutos. Sin embargo, esto formaba parte del mito que rodeaba a esta prueba, propagado por los periodistas y comentaristas deportivos. De hecho, la nueva marca solo mejoraba en 2 segundos el récord mundial anterior que estaba en poder del sueco Gunder Hägg desde hacía nueve años.

Apenas 46 días después, el 21 de junio, el récord de Bannister fue batido en Turku, Finlandia, por el australiano John Landy, que corrió la distancia en 3:58,0.

A raíz de esto se generó una gran expectación por ver un enfrentamiento directo entre estos dos atletas en una misma carrera. Esta tuvo lugar el 7 de agosto de ese mismo año en los Juegos de la Commonwealth celebrados en Vancouver. Era la primera vez que Bannister y Landy competían juntos. Landy dominó durante la mayor parte de la prueba llegando incluso a cobrar una pequeña ventaja en la tercera vuelta. Pero el final de Bannister era más poderoso y acabó ganando con un tiempo de 3:58,8 por los 3:59,6 de Landy, que fue segundo.

Esta carrera fue un gran acontecimiento seguido ampliamente por los medios de comunicación en todo el mundo, y los británicos lo celebraron como un gran éxito nacional. En 1967 el escultor canadiense Jack Harman realizaría una escultura en bronce en la que aparecen los dos atletas corriendo, y que adornó por muchos años la entrada del estadio de Vancouver. Cuando el estadio fue demolido, la estatua se trasladó a otro lugar.

Pocas semanas después de su victoria sobre Landy, Bannister ganó la medalla de oro de los 1500 metros en los Campeonatos de Europa disputados en Berna con 3:43,8. Después de ese año Bannister se retiró del atletismo para concentrarse en su profesión, y llegaría a ser un distinguido neurólogo. Bannister no solo logró eliminar la "verdad limitante" que le contaban los especialistas del momento, sino que ayudó a otros deportistas a hacer lo mismo. Gracias a su valentía y convicción, demostró al mundo que el límite es mental e individual.

Aplicó la ley de correspondencia universal, como es arriba es abajo, como es en la mente es en el mundo material, controló su pensamiento, se aseguró mentalmente de que lograría, lo que todos decían que no y materializó su sueño, lo convirtió en realidad, en ese orden es que funciona y no al revés, si se hubiese convencido de lo que en el mundo físico le decían, no habría logrado alcanzar jamás demostrar lo contrario.

El problema radica en que grandes pilares de la sociedad, la ciencia, religión, política, economía y medicina, a través de los medios de comunicación masiva, programan nuestra mente y el pensamiento de manera limitada, lo que lleva a desarrollar emociones de miedo, frustración, incertidumbre, creando humanos condicionados con capacidades finitas. Solo pocos, aquellos valientes, capaces de escuchar su voz interior y de buscar por todas las formas cumplir sus deseos, somos los que nos convencemos de que el límite es individual, tu límite lo determinas tú.

Crea tu propia realidad, la élite exitosa nos ha demostrado que sí podemos hacerlo; destruye toda la información que te coloca el tope mental, atrévete a soñar y a llegar lejos, rompe paradigmas, comienza a escuchar atenta y fielmente los susurros de tu alma. Recuerda que tanto Bannister, afirmando y creyéndose capaz de romper el récord, así como los especialistas, creyéndose que no se podría, ambos tenían razón desde la capacidad y amplitud de sus mentes. Bannister se negó a aceptar algún pensamiento coartador, y vio lo que quiso ver en su equivalente físico, mientras que la mayoría (las masas) se dejaron arrastrar por lo que el mundo físico solo les permitía ver. Finalmente, todo depende de tus creencias personales, y del autocontrol de tus pensamientos, emociones y por último acciones.

Si te dicen que puedes o no puedes alcanzar algún objetivo, ambas condiciones son verdad, solo depende de ti, la que harás realidad en tu vida. Tu realidad la creas tú. Nunca olvides el viejo cliché, *"El límite es el cielo"* a lo que yo siempre he agregado, *"El cielo es infinito"* por lo tanto no existen topes, no creas en ellos, sólo quieren condicionar tu mente para que no llegues a donde quieres llegar.

Mejora y mantén continuamente tu capacidad cognitiva en general, consigue una vida potencial aprovechándote de la neuroplasticidad de nuestro cerebro, concepto ya bien conocido por la medicina y la ciencia, es la capacidad de nuestro cerebro de moldearse y regenerarse durante toda la vida, para adaptarse a cambios internos y externos, acompañado del desarrollo de miles de capacidades y destrezas de las que carecemos, pero que podemos adquirir, gracias a nuevos aprendizajes, esto nos ayuda a mejorar en todos los sentidos, en la toma de decisiones, mejora nuestra memoria, aumenta la capacidad de adaptación al entorno, aprovechando esta ventaja evolutiva, mejora nuestra supervivencia y así nuestra vida diariamente en cualquier aspecto.

Para implementar y poner en práctica la neuroplasticidad en mi cerebro, me aseguro de aplicar técnicas constantemente en mi vida personal, trato de tener acceso a novedades, temas que salgan de mi cotidianidad, leo libros nuevos, hago cursos online, escucho libros, conferencia y podcast de enriquecimiento personal sobre temas desconocidos para mí, así logro conexiones neuronales inexistentes en el pasado y fomento patrones nuevos de funcionamientos en mi cerebro.

Le doy mucha importancia en el momento de rodearme de personas diferentes a mí, que me supongan una exigencia más alta intelectualmente, esto me ayuda a prepararme para activar funciones neuronales y sacar a flote ciertas habilidades para conversar, escuchar, observar e identificar el lenguaje no verbal. Me expongo al mayor número de escenarios posibles. Así también, incluyo en mis círculos personas que conozcan y hablen de temas totalmente desconocidos para mí.

Por ejemplo, cuando comparto con mi esposo sobre su deporte, el enduro, para mí es un mundo complejo, pues no conozco sobre motos y rutas, cuando él me explica, aprendo cosas nuevas y fomento a la formación de nuevas interacciones cerebrales que le dan paso al mayor desarrollo de mi neuroplasticidad, además me gusta ver con él partidos de fútbol americano o basketball, ya que son deportes que en un principio me costaba entender y seguirles la pista durante todo el juego, así puedo concentrarme en cosas nuevas que salen de mi cotidianidad, nadar en territorios ajenos a mi confort es enriquecedor, escuchar y aprender en ámbitos aledaños, se convierte en todo un estímulo para el desarrollo de la mutabilidad de mi cerebro y sus conexiones, dando paso a ventajas en el campo de la neuroplasticidad y fomento la elasticidad del mismo.

Aléjate de la gente tóxica, evita el contagio emocional, asegúrate de activar tus neuronas espejo y poner en práctica la neuroplasticidad, con personas creadoras, emprendedoras, audaces, decididas, sanas, positivas, éticas, amorosas y leales, modela tu comportamiento al óptimo para alcanzar tus metas y convertir tus días, meses, años y vida en general, en una existencia extraordinaria.

No permitas que gente fracasada, ladrones de sueños, energía y entusiasmo, contaminen tu espíritu, evita que entren en tu globo de concentración total, así no te convertirás en un creador de dificultad y caos como ellos, sencillamente dales paso y que sigan su camino, no los juzgues, solo entiende que ellos han crecido en un ambiente de conflicto, aunque parezca extraño, para ellos esa es la zona confortable, por lo que constantemente son recreadores de ambientes de pena, hostilidad, lamentación, victimización y derrota. Todos estos dramas son las condiciones que les resultan familiares, hasta que también despierten y decidan por voluntad propia cambiar sus realidades, huye de estos caos y conflictos, de esos reyes y reinas del drama y la calamidad, que no tienen por qué pertenecerte, renuncia a esas vidas de lamentaciones y aléjate.

Sumario
Avances y Neurociencia a Nuestro Favor

Hasta que por fin la medicina y la ciencia se sinceran con la humanidad en un campo tan indispensable como la neurociencia y neuroplasticidad, gracias a estos avances, los humanos podemos entender que sí es posible quitar y borrar por completo nuestra limitada computadora mental, creada y plantada por nuestros ancestros, que solo han depositado en ella, sus propias limitaciones, frustraciones, malas decisiones, y mal entendimiento del juego de la vida.

Gracias a estos descubrimientos, nos empoderamos y hacemos práctica del maravilloso mundo que es nuestro cerebro. Aprovechando esta ventaja evolutiva podemos llegar a conquistar terrenos inimaginables, poderosísimos para nuestro bienestar y de todo el entorno que nos rodea. Logramos ser más felices a cada segundo agregando felicidad a nuestras familias, así como a nuestros círculos en general.

Ya todos esos patrones aprendidos, son pasado, podemos apalancarnos de la neurociencia y desperdiciar todo aquello que nos retrasa, en cualquier aspecto, físico, mental, emocional y no nos aporta nada bueno.

No podemos desaprovechar estos descubrimientos, por eso mi insistencia en ahondar constantemente en estas tierras aún raras, pero ya en exploración para el beneficio de la humanidad.

Poniendo en práctica la Neuroplasticidad

Adiestrando nuestro cerebro constante e incansablemente es la mejor manera que he conseguido de fortalecer todas estas virtudes y principios de los que hemos venido hablando para transitar perennemente las vías de la felicidad y el éxito, pues como ya te he dicho la felicidad no es un acto puntual, esta debe estar presente en todo el trayecto. Lo hago desde las cosas más sencillas de mi vida cotidiana como escoger dejar de revisar el Instagram cuando sé que ya fue suficiente, siendo hora de ponerme a trabajar o de cumplir con cualquier responsabilidad, así como escoger el alimento correcto para mis fines en cuanto a la mejora continua de mi salud, energía, lucidez mental y apariencia física.

Quiero enseñarte varios ejercicios que te ayudarán a aprovechar al máximo toda esa elasticidad y neuroplasticidad de la que tanto nos han hablado en los últimos años los especialistas del tema, si bien es cierto existen millones de ejercicios para este fin hay unos muy fáciles que puedes incorporar y hacerlos sin tener que robarle tanto tiempo a tu ocupada agenda, como por ejemplo: usa menos tu mano dominante, esto puedes ponerlo en práctica al cepillar tus dientes, si eres diestro intenta lavarlos con la mano izquierda, toma una ducha con los ojos cerrados, concéntrate y trata de ubicar el jabón, champú o cualquier artículo de tocador que usas con los ojos cerrados, ten cuidado y mantén siempre el equilibrio, no busco que te resbales en la ducha, cambia objetos de lugar como la papelera de tu oficina o la del baño.

Otra práctica con excelentes resultados es tratar de cambiar la ruta que tomas a diario, si vas en vehículo propio o en transporte público, incluso si caminas, puedes tratar de llegar a casa o ir al trabajo por otra ruta, que te haga observar nuevos lugares y evitarás recorrer siempre el mismo camino que ya conoces de memoria, logrando activar diferentes conexiones neuronales que ya se habían desconectado.

Lee sobre nuevos temas que no domines en lo absoluto, si eres abogado trata de leer cosas sobre ingeniería, la construcción y diseño, bien sea en sistemas o edificaciones, pueden resultar interesantes, esto ampliará tus horizontes, además de que ganarás cultura en general lo que cultivará tu vocabulario y expandirá tu jardín mental. Si eres chef investiga sobre educación financiera, puede que no sepas mucho al respecto y además de fomentar la plasticidad cerebral te ayudará a estudiar y mejorar tu situación económica, esto puede brindarte herramientas que desconozcas parar administrar mejor tus entradas mensuales, a mejorar tu negocio y poco a poco convertirte en una persona más próspera.

En fin, trata de husmear en los campos desconocidos de tu intelecto, comienza a depositar semillas extrañas hasta ahora dentro de la red de tus conexiones neuronales, nútrelas y actívalas de esta manera.

Otro ejercicio muy interesante además de divertido y relajante es colorear, más si eres de esas personas con predominio en el área de los números (hemisferio izquierdo), pon a volar toda esa creatividad empolvada que tienes del lado derecho, puedes buscar mándalas y colorearlas, quiero recomendarte una página que utilizo y me encanta, tienen muchísimos folletos abarrotados de hermosas figuras de mándalas para colorear, además de brindar información muy valiosa sobre la historia y los beneficios de estos, visítalos en http://bit.ly/OribieliukasCompany

AGRADECIMIENTOS

A Dios y a toda su creación tangible como el sol e intangible como el amor.

Al tiempo.

A la naturaleza, fuente inagotable de vida y de inspiración divina para crear, crecer, cambiar, aportar y descubrir paso a paso una mejor versión de mi ser físico, emocional y espiritual.

A todo aquello que ha dejado en mí señales de abundancia, grandeza, coraje, de crecimiento y desarrollo constante.

A los grandes regalos otorgados por mi Ser Supremo:

Mi esposo, compañero eterno de vida, con quien compartí desde niña sin tener idea alguna del hermoso y maravilloso sendero que me tocaría recorrer con ese muchacho que cautivó mi corazón desde el primer día en que lo vi. Me ha acompañado en todo momento, apoyándome y creyendo fielmente en todo, incluidos mis disparates. ¡Cuánto le amo y agradezco!

A ti abuelo que con amor y tanta sapiencia me ofreciste un sinfín de enseñanzas valiosísimas, a través de tus cuentos y experiencias que de niña tanto me encantaba escuchar. Jamás olvidaré las tardes de venida del colegio cuando te pedía que me contaras tus historias de muchacho en el llano, amaba escucharte hablar de Guasdualito y sus encantos, de los atardeceres coloridos, de las historias del pueblo.

Fuiste un hombre letrado y sabio, ahora comprendo cuando me decías: "lee nieta querida, nunca dejes de leer" o cuando me dabas aquel buen consejo: "piensa siempre en Jesús Cristo como tu gran amigo y mentor, con sus enseñanzas aprende lo maravillosa que es la vida".

Jamás olvidaré tus dibujos, siempre relativos a la naturaleza, con vívidos colores, aunque me extrañaba cuando ilustrabas con el morado, el rosado y el naranja el cielo del alba o del atardecer, ahora comprendo todo, no dejo de pensarte en ninguna de mis mañanas milagrosas cuando desde mi ventana aparecen estos colores, siento que eres tú pintándolo para mí. Llegaste lejos con tus virtudes y defectos, y lo más seguro junto a mi querida Tatica Flor, sembraste una hermosa semilla en esta tierra, tus hijos, una familia hermosa para el bien y lo bueno. Gracias abuelo donde quiera que estés. Te extraño y amo por siempre mi PICA PICA

Mis padres, seres maravillosos y únicos presentes durante toda mi existencia desde el instante cero, han estado ahí de manera incansable, constante, siempre con la más amorosa y paciente disposición llevándome de la mano en cada escalón, también confiando y creyendo incesantemente en mí. Los amo, los respeto, admiro y valoro de manera incontable, son sin duda los mejores del mundo.

Mis hijos de cuatro patas: Aquiles, Linda, Kihara y mi pequeño travieso Spike, cada uno ha llegado a mi vida en el momento perfecto, ni un minuto más ni uno menos, me enseñan cada día de la manera más sutil y paciente a ser mejor, a conquistar y tener al alcance de mis manos la fuerza más poderosa que mueve al universo *"El amor"*. Pues es lo que ellos son, traducción física del amor, mi más grande bendición, siempre estarán tatuados en mí, cada una de las experiencias han quedado grabadas con tinta indeleble en mi mente, corazón y alma.

Mis demás familiares y amigos quienes de alguna manera u otra han contribuido a la construcción de este gran sueño, a través de lecciones y vivencias que me han guiado por el sendero que quiero recorrer, en la búsqueda de la verdad, del paraíso prometido, de la vida extraordinaria que estoy logrando transitar día a día.

A mi querida mentora Elisabel Rubiano, haberla conocido de la manera mágica en la que sucedió, solo pone en evidencia una vez más la efectividad de las promesas de la divinidad en nuestras vidas; ella hizo realidad, de la manera más amorosa, maternal, paciente y dedicada, mi visualización futura como escritora y conferencista, me acompañó a darle forma perfecta a todos esos pensamientos y emociones, deseosos de salir de mi interior hacia el mundo exterior. Hizo posible el cumplimiento de este hermoso sueño: el primero de muchos libros.

A Rubiano Ediciones, a todo su equipo de expertos en cada una de las áreas necesarias para materializar un libro, sus correctoras, su diagramadora, operadora de publicación y por, último la unidad de la elaboración del booktrailer que dice de este mi primer libro lo que quiere decir.

Además aguardo por dar un especial agradecimiento a Jesús Varela Carrasquel por hacer realidad de la forma más detallada, apropiada y descriptiva posible la idea de la portada de este libro que se formó en mi imaginación, luego de tantos saltos y desaciertos, llegó en el momento justo. Por último, a Alejandra León y Jhana Navas.

Tic, Tac El despertar te espera, es un libro fresco y juvenil, que ofrece a sus lectores la posibilidad de alcanzar un mejor estilo de vida y un despertar de conciencia para merecer un estado de bienestar pleno.

En esta obra la autora es la protagonista, habla en primera persona, cuenta de sus experiencias, sus lecturas, reflexiones y de estrategias sencillas que sin duda interpelarán al lector, lo exhortarán y les suscitará transformaciones para equilibrar mente, cuerpo y espíritu, con un lenguaje persuasivo y convincente. En este libro se trata la relación entre el ser y el hacer sin desvíos, con voluntad y disciplina, pero también con empatía.

Es un libro testimonial, a la vez motiva prácticas precisas como el disfrute del amanecer, las mañanas milagrosas, el ejercicio, la meditación y la buena alimentación bajo las leyes del universo y de una serie de principios que involucran a las ciencias, la neurociencia, la energía, la ecología, la espiritualidad y la psicología.

Es también una invitación a ejercer un pensamiento divergente, liberarse de la matrix, de las distracciones cotidianas que nos impiden hacer más efectivo el tiempo, las relaciones y lograr el bienestar. En este sentido entraña una crítica y cierta denuncia a los valores de la sociedad robotizada.

Jennifer Rojas es una joven formada en Ciencias, en la especialidad de Química con estudios de postgrado en Ciencia y Tecnología Cosmética. Fue investigadora del Instituto Venezolano de Investigaciones Científicas (IVIC) y docente. En la actualidad es una talentosa emprendedora que practica lo que profesa en equilibrio y con integralidad. Paradójicamente su formación científica le propicia el asombro, el lugar a la duda y la fe, desde donde se reconoce como un ser espiritual, que ha escogido vivir una experiencia humana. En sus palabras:

Agradezco mucho a la ciencia, pues vino a mi vida para ratificarme que todo es espiritualidad, pues ella me enseñó que todo aquello que no puedo ver es más cierto y verdadero que lo que sí puedo ver. Luego de culminar mi carrera y mientras más me adentro en ella y la estudio, me direcciono velozmente a la espiritualidad, pues todo está conectado y aunque no lo creas la ciencia explica perfectamente la magia espiritual, todos mis mentores científicos me lo han mostrado, a través de sus experimentos y de sus vidas.

Ama a la naturaleza y a los animales, disfruta y aprende de sus perros, así como de la naturaleza, de los árboles… demos dos referencias que se mezclan entre lo científico y lo poético: Admira el bambú y le muestra cómo trabajar nuestro espíritu, pues la vida es ondulatoria, nos demuestra que si nos adaptamos a los vientos cambiantes, pronto volveremos a nuestra posición con mayor fuerza. Admira el agua, sus propiedades y la sabiduría que posee con tan solo dos átomos de hidrógeno y uno de oxígeno. Respeta profundamente el poder inigualable que tienen sus pares de electrones libres, es noble, amigable, respetuosa, sanadora, sutil, refrescante.

Otra de sus pasiones innegociables es el deporte y el mundo fitness, de él ha aprendido lo lejos que puede llegar, desenmascaró la mayoría de sus límites mentales y la enseñó a conocer que son una mentira mental que nos ha sembrado la sociedad y que todo, sin excepción cuanto se proponga puede lograrlo, le ha enseñado a ser disciplinada, persistente, constante y organizada, le hizo descubrir la fortaleza de su espíritu y la convenció del poder de la física.

Sus creencias y su fe inquebrantables han permitido afirmar que durante su paso en la vida ha recibido innumerables y maravillosas bendiciones, comenzando por sus padres, su familia, su esposo, sus mascotas, todo su entramado cercano que la teje y la sostiene. Es una chica disciplinada, con carácter y autoridad para colocar su voluntad al servicio de sus decisiones y sueños.

Ella desea ser una mensajera del bienestar, siguiendo el deseo y la voz constante de su alma, ayudar y llevar el mensaje a la mayor cantidad de personas posibles alrededor del mundo, considera esta misión como su sentido de vida. De allí surgió su pasión de escribir, asegura que su primer libro **Tic, Tac El despertar te espera** fue un llamado interior, una pasión que la tomó hasta que fue posible.

De esta manera, continúa su paso por este hermoso sendero llamado vida, hasta que su alma y espíritu hayan logrado aprovechar al máximo sus lecciones, hasta poder trascender al infinito divino y tan esperado por todos.

Made in the USA
Columbia, SC
03 March 2024

32224795R00124